Arline Westmeier

Auch tiefverletzte Seelen können heilen

Belastende Bindungen lösen – Leben entfalten

Arline Westmeier

Auch tiefverletzte Seelen können heilen

Belastende Bindungen lösen – Leben entfalten

Die verletzte Seele heilen, Band 2

Blaukreuz-Verlag

Die Autorin Dr. Arline Westmeier ist Deutschamerikanerin. Mit ihrem Mann arbeitete sie als Missionarin in Kolumbien. Sie studierte Psychologie (B. A.), Theologie (M. Th.) und klinische Seelsorge. In Puerto Rico leitete sie neben ihrer Vortragstätigkeit eine Beratungsstelle. Jetzt lebt sie im Ruhestand in den USA. Sie ist Mitglied der Amerikanischen Gesellschaft für christliche Therapeuten, der Christlichen Gesellschaft für psychologische Studien und ist als christliche Therapeutin vom International Christian Institute and Graduate School anerkannt.

Gewidmet dem einen Herrn, Jesus Christus,
der gekommen ist,
um die Gefangenen zu befreien.

Bibliografische Information Der Deutschen Bibliothek
Die Deutsche Bibliothek verzeichnet diese Publikation in der Deutschen Nationalbibliografie; detaillierte bibliografische Daten sind im Internet über http://dnb.ddb.de abrufbar.

4. Auflage 2008

Titelgestaltung: Andreas Junge
Satz: Blaukreuz-Verlag Wuppertal
Druck und Herstellung: St.-Johannis-Druckerei, Lahr

ISBN 978-3-941186-18-7 Blaukreuz-Verlag

Inhalt

Zur Einführung

Nach der Veröffentlichung meines Buches „Die verletzte Seele heilen“ berichteten mir viele Leser von einer tiefgreifenden Heilung, die Gott in ihrem Leben bewirkt hatte. Der Gedanke, daß Jesus nicht nur unsere Sünden, sondern auch unsere seelischen Verletzungen ans Kreuz getragen hat, war für viele vollkommen neu. Welch eine Befreiung war es für sie, von ihren tiefsten Empfindungen sprechen zu können ohne die Angst, damit zu sündigen oder Gottes Zorn herauszufordern und dann von ihm verdammt zu werden! Viele erlebten eine neue Freiheit und eine nie gekannte, vertraute Beziehung zu Gott. Darüber freue ich mich, und ich danke Gott für seine Liebe und für sein Erbarmen mit seinen innerlich verletzten Kindern.

Viele, die selbst neue Freiheit in Jesus Christus gefunden hatten, sprachen darüber mit Freunden und Bekannten, von denen sie wußten, daß sie ebenfalls unter tiefen seelischen Verletzungen litten. Dabei brachen neue Fragen auf: Wie ist das mit den „harten“ oder „schwierigen“ Fällen? Was kann man tun, wenn jemand alles, was ihn innerlich verletzt hatte, Jesus gesagt und übergeben hat, und ihm diese Dinge trotz allem immer noch weh tun, wenn er sich daran erinnert? Wenn Jesus nicht nur unsere Sünde, sondern auch unsere seelischen Verletzungen auf sich genommen und ans Kreuz getragen hat, warum leidet mancher dann noch immer darunter? Warum sieht es so aus, als ob manche Menschen doch nicht heil werden könnten? Warum blieb Jesu Liebe für jene „schwierigen Fälle“ oft noch immer so abstrakt und unwirklich, warum konnten sie seine Liebe noch immer nicht spüren?

Ich selbst war auch auf diese Fragen gestoßen, denn viele von den Seminarstudenten, die ich unterrichtet hatte und die nach Abschluß ihrer Ausbildung in den Gemeindedienst gegangen waren, schickten ihre „schwierigen Fälle“ zu mir. So mußte ich Jesus von neuem um Antwort bitten auf ihre und meine Fragen.

Jesus hat gesagt, daß er gekommen ist, um die Gefangenen zu befreien. Warum werden dann einige von diesen Gefangenen doch nicht frei?

Immer wieder beschäftigten mich diese Gedanken, wenn ich in der Bibel las und betete oder wenn ich von den Erfahrungen anderer hörte. Schließlich machte mir Gott etwas ganz neu deutlich, was ich eigentlich schon lange gewußt hatte. Er zeigte mir, wie durch seelische Verletzungen Schwachstellen in der Persönlichkeitsstruktur eines Menschen entstehen. An diesen Stellen greift Satan an und schafft sich Einfallstüren, durch die er den Betroffenen in seinem Tun und Denken und in seinen Gefühlen beeinflußt. In gewissem Maße hatte ich schon öfters für die Menschen, die bei mir Hilfe suchten, um Befreiung von solchem Einfluß des Bösen gebetet. Aber erst durch meine Beschäftigung mit jenen „schwierigen Fällen“ konnte Gott mir zeigen, wie eng seelische Verletzungen und Einflußmöglichkeiten des Teufels miteinander verknüpft sind und wie tiefgreifend solcher Einfluß auf einen Menschen sein kann.

Als ich das erkannt hatte, fing ich an, mich um bestimmte Probleme, wie zum Beispiel Angst, Haß, Selbstverstümmelung und anderes, besonders zu kümmern. Im Namen Jesu band ich sie und trieb sie aus. Aber sowie eins dieser Probleme gelöst war, tauchte ein neues auf, und das schien überhaupt kein Ende zu nehmen. Es kam mir vor, als wolle ich einen See voller Fische mit einer Angel leerfischen. Zwar holte ich eine Menge „Fische“ heraus, aber noch viel mehr blieben zurück. Warum schien es, als ob diese „Fische“ immer wieder zurückkämen?

Als sich meine Erfahrungen in diesem Bereich erweiterten, wurde mir zunehmend bewußt, wie wichtig es ist, offene Türen zum Herrschaftsbereich der Finsternis im Namen Jesu zu schließen und dann den Herrn zu bitten, mit seinem Licht in dieses Menschenleben hereinzukommen. Ich konnte nur noch staunen, welche Fortschritte meine „schwierigen Fälle“ machten, als ich das tat. Es war, als ob die Zuflüsse zu jenem „See“ abgesperrt worden wären und wir dann mit einem Netz statt mit der Angel fischten.

Bisweilen mußten wir in der nachfolgenden Zeit trotzdem noch einmal mit der „Angel“ zu Werke gehen, um den einen oder anderen

„Fisch“ noch herauszuholen, der uns vorher entwischt war, eine spezielle Angst etwa oder anderes, das noch Schwierigkeiten machte. So mußten Vorsätze wie zum Beispiel „Ich werde nie wieder jemanden lieben“ im Namen Jesu widerrufen und durchbrochen werden, bevor der Betroffene wieder lieben konnte. Mancher mußte erst einmal lernen zu beten, zu vertrauen und zu lieben. Andere brauchten besondere Hilfe, um mit jenem Bereich in sich in Kontakt zu kommen, von dem aus sie sich emotional nicht weiterentwickelt hatten, weil sie dort sehr schlimm verletzt worden waren. Doch all diese Einzelprobleme standen in keinem Vergleich zu dem, was bereits bereinigt war.

Wer ein neues Leben mit Jesus begonnen hatte, mußte auch lernen, wie er als Christ in unserer gefallenen Welt zurechtkommen konnte. Manche erlebten ihre neu gewonnene Freiheit so überwältigend, daß es aussah, als hätten sie vergessen, daß sie noch nicht im Himmel waren. Manche dachten, alle ihre Probleme seien nun gelöst oder doch wenigstens lösbar. Sie selbst und jeder andere Christ müsse hundertprozentig heil werden. Wenn jemand zum Beispiel noch irgendwelche Medikamente brauchte, dann könne das nur daran liegen, daß bei ihm etwas noch nicht ganz in Ordnung war. Irgendwo müsse es dann noch etwas geben, das unbewußt verdrängt wurde.

Aber auch für Nachfolger Jesu gilt, daß nicht alle ihre Probleme gelöst werden, bevor nicht der Herr in unsere Welt zurückkehrt und alles neu macht. Eines Tages wird – so wie bei jedem anderen Menschen – auch bei uns Christen unser Organismus aufhören zu arbeiten, und dann werden wir sterben. Solange wir in dieser Welt leben, werden wir auch noch Kummer und Sorgen haben. Wie man damit umgehen kann, davon ist in den letzten beiden Kapiteln meines ersten Buches die Rede.

Einige der Grundgedanken aus meinem ersten Buch greife ich für Leser, die dies Buch nicht kennen, in Kapitel zwei und drei nochmals auf. Die letzten vier Kapitel wenden sich in erster Linie an Seelsorger, die andere beraten und für sie um innere Heilung beten. Die Gebete in Kapitel acht können als Anleitung dazu dienen, im eigenen Leben oder bei anderen offene Türen zum Reich der Finsternis zu schließen. Wer sehr tiefgreifende seelische Verletzungen erlitten hat, braucht allerdings in der Regel jemanden, der ihn während des Heilungsprozesses berät und begleitet.

Alle diejenigen aufzuzählen, die über viele Jahre hin durch Gespräche oder brieflich zu den Gedanken dieses Buches beigetragen haben, ist leider unmöglich. Dennoch gilt ihnen mein Dank. Nennen möchte ich jedoch meinen Mann, dem ich für seine Ermutigung und viele richtungweisende Gedanken im Blick auf meinen psychotherapeutischen Dienst danke. Er half mir, schwer durchschaubare okkulte Zusammenhänge im Bereich des Okkulten zu erkennen und die verheerenden Folgen in den Blick zu bekommen, die soziale und politische Unterdrückung auf die Psyche haben können.

Alle Namen und viele Ortsangaben sind in diesem Buch geändert worden, um die Anonymität der Betroffenen zu wahren. Allerdings hat jeder, von dem hier berichtet wird, dazu seine Einwilligung gegeben, wofür ich danken möchte. Danken möchte ich auch meiner Schwägerin Ingrid Westmeier für ihre Mitarbeit an dem deutschen Manuskript.

Arline Westmeier

Kapitel 1: Schwachstellen und offene Türen

Carlos hatte Angst. Durch Drogenhandel und Autodiebstähle hatte er eine Zeitlang eine Menge Geld gemacht. Aber schließlich hatte ihn die Polizei erwischt, und er hatte seinen ganzen Reichtum auf einen Schlag verloren. Außerdem mußte er mit einer langen Gefängnisstrafe rechnen, möglicherweise mit bis zu dreiundfünfzig Jahren. Doch noch war er auf freiem Fuß, weil sein Fall noch nicht vor Gericht gewesen war.

Nach einem meiner Vorträge über seelische Heilung sprach er mich an. „Frau Westmeier, ich will heil werden", sagte er. „Mein Leben hat sich verändert, seit ich Jesus als meinen Herrn aufgenommen habe. Das einzige, was ich jetzt noch will, ist Gott dienen. Ich weiß, daß er mich erlöst hat. Aber ich bin innerlich nicht heil. Mein Herz ist gebrochen."

Am nächsten Tag kam Carlos zu mir in die Beratungspraxis und erzählte mir die Geschichte seines Lebens. Als er fünf Jahre alt gewesen war, starb sein Vater ganz unerwartet an einem Herzanfall. Carlos war das jüngste von fünf Kindern und der einzige Junge. Seine Mutter litt an Schizophrenie.

Carlos hatte sehr an seinem Vater gehangen. Dann kam eines Tages ganz plötzlich der Vater nicht mehr nach Hause zurück. Niemand sagte Carlos, wo sein Vater war, oder daß er gestorben sei. Er durfte seinen Vater, als er im Sarg aufgebahrt war, auch nicht anschauen, und er wurde auch nicht mit zur Beerdigung genommen. Seine Mutter war durch den plötzlichen Tod ihres Mannes so durcheinander, daß sie wochenlang im Bett blieb und sich überhaupt nicht mehr um ihre Kinder kümmern konnte.

Carlos erinnerte sich noch daran, wie er über ein Jahr lang jeden Morgen weinend am Frühstückstisch gesessen hatte, und wie seine Tränen über seine Wangen gelaufen und in seine Cornflakes getropft waren. Sein Onkel hatte versucht, ihn zu trösten. Aber Carlos wollte nicht seinen Onkel, er wollte seinen Papa.

Als Carlos acht Jahre alt war, nahm er sich vor, niemals wieder jemandem zu vertrauen. „Ich habe mir damals einen Panzer um mein Herz zugelegt“, sagte er. „Ich habe mir geschworen, es nie wieder so weit kommen zu lassen, daß mich jemand verletzen konnte. Ich nahm mir vor, immer als erster zuzuschlagen. Dann würde ich die anderen verletzen, bevor sie mich verletzen konnten.“

Mit den Jahren wurde Carlos Herz immer härter. Mit dreizehn nahm er schon alle möglichen Drogen. Und später fing er an, sich als Dealer zu betätigen.

„Wenn ich schon keine Liebe bekam, dann wollte ich wenigstens alles andere haben, was ich mir wünschte. Ich nahm mir vor, reich zu werden und soviel Geld zu bekommen und soviele Mädchen und so tolle Autos, wie ich es mir nur erträumen konnte. Nichts könnte mich davon abbringen.“

Autos faszinierten Carlos. Er knackte Autos und verkaufte sie dann. Das brachte ihm jede Woche Tausende ein. Er stahl nur die exklusivsten Modelle: Mercedes, Cadillacs, BMWs, Lincolns usw. Mit sechstausend Dollar pro Woche konnte er sich wirklich das Beste vom Besten leisten: Das beste Apartment, die tollsten Mädchen, Essen in den teuersten Restaurants, die exklusivsten Drogen. Schon mit achtzehn konnte er sich mit seinem Geld alles kaufen, was er sich nur wünschte, und hatte immer noch reichlich übrig. Aber das Geld konnte sein zerbrochenes Herz nicht heilen.

Ein paar Mal versuchte Carlos, mit einer Überdosis Drogen seinem Elend ein Ende zu machen. Aber jedes Mal fand ihn jemand, noch bevor es für jede Hilfe zu spät war. Dann schließlich schnappte ihn die Polizei, und er verlor mit einem Schlag alles, was er besessen hatte. In seiner Verzweiflung und seiner Angst wandte er sich Gott zu, und Gott erhörte ihn und vergab ihm alles, was er getan hatte. Nun, während er auf sein Gerichtsverfahren wartete, machte er sich daran, sein Leben in Ordnung zu bringen.

„Ich weiß, Gott ist das einzige, wofür es sich lohnt, zu leben“, sagte Carlos. „Ich habe alles ausprobiert, was die Welt zu bieten hat, und da gibt's nichts, was wirklich lohnend ist. Nichts konnte mich wirklich befriedigen. Nichts konnte meine kaputte Seele heilen. Meine Gesundheit ist hin. Meine Zähne sind kaputt von all meinen Schlägereien. Ich muß innerlich heil werden. Bitte helfen Sie mir."

Carlos spürte, daß Gott ihn in seinem Dienst haben wollte. Er wollte gern eine entsprechende Ausbildung machen, um sich darauf vorzubereiten. Aber er traute sich das selbst eigentlich nicht zu, denn er hatte noch nie etwas ernsthaft gelernt. Weil er auf der öffentlichen Schule nicht zurechtgekommen war, besuchte er über Jahre eine Reformschule. Dort hatte er schließlich einen dem Highschooldiplom entsprechenden Abschluß erreicht. Ein Studium zu beginnen, traute er sich aber nicht zu. Doch das alles war erst einmal zweitrangig. Vor allem anderen brauchte Carlos Heilung für sein zerbrochenes Herz.

Ich konnte an jenem Tag nur kurz mit Carlos sprechen und beten, und ich sah ihn dann nur noch einmal, bevor er seine Gefängnisstrafe antreten mußte. Wir schrieben uns ein paar Mal, als er im Gefängnis war. Wie durch ein Wunder war er nur zu achtzehn Monaten verurteilt worden. Und schon nach sechs Monaten wurde er wegen guter Führung entlassen.

„Carlos", sagte ich zu ihm, als er nach seiner Freilassung wieder zu mir kam, „du mußt Jesus mit dir nehmen durch all die Jahre deines Lebens und ihm all das geben, was dich verletzt hat." Langsam begann Carlos, sich an eine schmerzvolle Begebenheit nach der anderen zu erinnern und sie Jesus zu bringen, damit er ihn innerlich heilte.

Das war für Carlos sehr schwer. „Ich bringe es einfach nicht fertig, Gott zu vertrauen", rief Carlos in höchster Not immer wieder aus. „Irgend etwas hält mich davon zurück, ihm zu vertrauen."

„Dann laß uns darum beten, daß Gott uns dieses Hindernis zeigt", antwortete ich ihm. „Bete in dieser Woche immer wieder dies Gebet: Herr, zeige mir bitte, was mich davon abhält, dir zu vertrauen. Ich öffne mich für dich, damit du mir zeigen kannst, was dies für ein Hindernis ist."

In der nächsten Woche erzählte mir Carlos davon, wie er sich geschworen hatte, nie wieder jemandem zu vertrauen. „Wir müssen diesen Schwur durchbrechen, Carlos. Du kannst weder Gott noch irgend jemand anderem jemals wieder wirklich vertrauen, wenn du das nicht tust. Willst du den Schwur widerrufen?"

„Es bleibt mir ja gar nichts anderes übrig“, sagte er. „Ja, ich will es tun.“

Wir beteten miteinander. Ich leitete ihn, und er sprach die Worte nach, die ich ihm sagte. „Herr Gott, jetzt erkläre ich im Angesicht der sichtbaren und der unsichtbaren Welt: Im Namen von Jesus von Nazareth nehme ich diesen Schwur zurück, nie wieder jemandem zu vertrauen. Ich widerrufe ihn im Namen Jesu. Ich übergebe Jesus jeden Teil meines Lebens, der von diesem Schwur betroffen war. Ich erkläre dich, Jesus, zum Herrscher über jeden Teil meiner Persönlichkeit. Komm und nimm deinen Thron ein. Ich öffne mich für dich, damit du mir zeigen kannst, wie ich dir und anderen vertrauen kann. Ich gebe dir das Recht, mich zu verändern.“

Langsam ging Carlos weiter durch alle seine Erlebnisse im Zusammenhang mit dem plötzlichen „Verschwinden“ seines Vaters. Carlos versetzte sich zurück in diese Zeit, und während er davon erzählte, weinte er wie ein kleines Kind.

„Carlos, wie alt bist du jetzt innerlich?“ fragte ich ihn eines Tages.

„Wie meinen Sie das? Ich bin zweiundzwanzig!“

„Äußerlich gesehen, in deinem Körper, bist du zweiundzwanzig. Aber innen in dir ist ein kleiner Junge. Schau in dich hinein und sieh, wie alt er ist.“

„Ungefähr fünf Jahre“, sagte Carlos zögernd.

„Gut“, antwortete ich. „In genau diesem Alter warst du, als dein Vater starb. Ich möchte, daß du zum Grab deines Vaters gehst, dich auf seinen Grabstein setzt. Dann erinnere dich an deinen Vater, und wenn du ihn dann in deinen Gedanken so vor dir siehst, dann schreibe einen Brief an ihn. Beschreibe ihm diesen fünf Jahre alten Jungen, der in dir steckt. Erzähle ihm von deiner Verzweiflung und von deiner Angst. Sag ihm, wie dir morgens beim Frühstück die Tränen in deine Cornflakes tropften und wie du deine eigenen Tränen mitgegessen hast. Sag ihm, wie krank deine Mutter war und noch ist, wie sehr du ihn vermißt hast und alles, worüber du mit ihm sprechen möchtest.“

Carlos war noch nie am Grab seines Vaters gewesen. Der Brief, den er von dort mit zurückbrachte, trug die Spuren vieler Tränen. Wir gaben Jesus Carlos’ ganzen Schmerz, damit er ihn auf sich nahm. Und wir baten ihn, Carlos zerbrochenes Herz zu heilen, denn Jesus ist ja in diese Welt gekommen, um das zu tun, bei Carlos und bei jedem anderen Menschen.

Niemand hatte Carlos getröstet, als sein Vater gestorben war. Und so schickte ich ihn noch einmal zu dem Grab. Diesmal sollte er einen Trostbrief schreiben für den kleinen, fünf Jahre alten Jungen, der in ihm steckte, einen Brief, der ihm erklärte, was mit seinem Vater geschehen war, und der ihn über seinen Verlust tröstete.

„Das kann ich nicht", sagte Carlos, „ich weiß überhaupt nicht, wie man mit so einem kleinen Kind redet."

„Bitte Jesus, dir die trostvollen Worte zu geben, die dieser kleine Junge hören muß", sagte ich ihm.

Und wieder kam Carlos mit vielen Blättern voller Tränenspuren zurück. Und auch diesmal brachten wir alles, was er aufgeschrieben hatte, zu Jesus.

Ein weiteres Problemfeld für Carlos waren seine sozialen Beziehungen. Er hatte in einer Autolackiererei gelernt und verstand seine Arbeit wirklich gut. Aber bei jeder Kleinigkeit, die irgendwie schief ging, kriegte er so einen Wutanfall, daß er am liebsten jemanden zusammengeschlagen hätte – und wenn es auch sein Chef selbst gewesen wäre. Er hatte aus seinem alten Leben noch viele Geldstrafen und Schulden zu zahlen. Und das konnte er nur, wenn er gut verdiente. Aber jedesmal, wenn er einen guten Arbeitsplatz gefunden hatte und alles glatt zu laufen schien, kündigte er entweder selbst, oder er wurde rausgeworfen.

Dann beteten wir um eine neue Stelle für ihn. Wenn Carlos dann wieder einen guten Job hatte, wußte er genau, daß Gott ihm diese Stelle verschafft hatte. Doch wenn dann wieder auch nur das geringste bißchen verkehrt lief, geriet er in Wut und schrie: „Wenn das alles ist, was Gott für mich tun kann, dann such' ich mir eben selber was, nach meinen eigenen Vorstellungen. Alleine kann ich das besser! Denk nur dran, was ich alles geschafft habe, als ich noch mein eigener Herr war! Diesen ganzen Ärger ist Gott nicht wert!"

Ein weiteres soziales Problem bei Carlos betraf seine Beziehungen zu Frauen. Immer wieder wandte er seinen ganzen Charme auf, um irgendein Mädchen auf sich aufmerksam zu machen. Aber sobald sie anfing, sich wirklich für ihn zu interessieren, ließ er sie fallen und suchte sich die Nächste. Auf diese Weise hatte er unzählige Mädchen enttäuscht. Er sammelte Telefonnummern von Mädchen, so wie kleine Jungen Briefmarken sammeln. Eines Tages, nach einer neuen Katastrophe, saß Carlos stöhnend in meinem Beratungszimmer.

„Frau Westmeier, ich muß einfach alles aus meinem alten Leben loswerden. Ich kann nicht so weitermachen."

„Carlos", fragte ich ihn, „wie stark ist dein Wunsch, frei zu werden, eigentlich wirklich?"

„Frau Westmeier", rief er aus, „ich würde alles, wirklich alles darum geben, endlich frei zu sein!"

„Wirklich, Carlos? Alles?"

„Ja, alles!"

„Gut. Dann hör einen Monat lang damit auf, Telefonnummern von Mädchen zu sammeln."

Carlos wurde blaß. „Nein, das nicht. Das geht nicht. Das würde mich umbringen", keuchte er.

„Carlos, wie stark ist dein Wunsch, frei zu werden? Du hast gesagt, daß du alles dafür hergeben würdest. Ist dir die Freiheit so viel wert, daß du dafür deine alten Telefonnummern wegwerfen und einen Monat lang keine neuen sammeln würdest?"

„Sie haben mich nicht richtig verstanden, Frau Westmeier. Diese Telefonnummern von den Mädchen, die sind mein Leben! Ich kann ohne sie nicht leben. Ich komme um ohne sie!"

„Nein, nein. Du wirst nicht sterben. Das ist eine Lüge vom Teufel, der dich in den alten Bindungen festhalten will. Wenn du wirklich frei werden möchtest, dann probier aus, was ich dir gesagt habe", ermutigte ich ihn.

Carlos hatte einen sehr schweren Monat, aber er hielt durch bis zum Ende. Das durchbrach seine Gewohnheit, auf Mädchenjagd zu gehen, und es ging ihm nun besser. Aber Jesus hat gesagt: „Wenn euch nun der Sohn (Gottes) frei macht, so seid ihr wirklich frei" (Johannes 8,36). Carlos war noch nicht frei. Er konnte noch immer nicht auf Gott vertrauen. Er konnte nicht glauben, daß Gottes Wille wirklich das Beste für ihn war.

Während der ganzen Zeit, seit Carlos zu mir kam, hatten wir

wegen spezieller Sünden und Schwierigkeiten, so wie sie Carlos ins Bewußtsein kamen, im Namen Jesu gebetet, sie gebunden und ausgetrieben. Er hatte sich losgesagt von okkulten Riten, an denen er teilgenommen hatte. Jedesmal erlebte er einen Durchbruch. Aber dieser Prozeß schien überhaupt nicht enden zu wollen.

„Carlos“, sagte ich ihm schließlich, „wir müssen dein ganzes Leben, jede einzelne Begebenheit im Gebet mit Jesus durchsprechen. Und dann müssen wir alle Türen zum Reich der Finsternis schließen, die noch irgendwo offenstehen in deinem Geist, deiner Seele, deinem Körper und im sozialen Bereich.“

Ich bat Carlos, alles aufzuschreiben, was er vor seiner Bekehrung zu Jesus getan und erlebt hatte, welche Filme und Fernsehprogramme er gesehen hatte, was für Musik er gehört und welche Bücher er gelesen hatte, die Drogen, die er genommen und die magischen Riten, an denen er teilgenommen hatte.

Als Carlos das nächste Mal zu mir kam, brachte er eine lange Liste mit, viele, viele Seiten. Das, worum wir uns früher schon einmal gekümmert hatten, machten wir noch einmal fest, und dann widerriefen wir im Namen Jesu alles, was Carlos darüber hinaus noch aufgeschrieben hatte. Wir banden auch die Auswirkungen, die das alles auf sein Leben gehabt hatte, und wir trieben sie im Namen Jesu aus. Dann schlossen wir im Namen Jesu alle Türen zum Reich der Finsternis, die durch das, was Carlos erlebt, getan, gesagt und gefühlt hatte, geöffnet worden waren, und wir lösten in ihm im Namen Jesu die Fähigkeit, ein neues, verändertes Leben zu führen.

Es war eine lange und schwere Zeit für Carlos. Wir schlossen jede Tür in jedem seiner Lebensbereiche, die von seinen Eltern und von früheren Generationen her auf ihn gekommen waren, und jede, die durch sein eigenes Handeln geöffnet worden war. Wir baten Jesus, diese Türen mit seinem Blut zu bedecken und sie mit dem Abdruck seiner durchbohrten Hände zu versiegeln, damit keine Macht der Welt sie je wieder öffnen könnte. Wir banden alle Finsternis, die durch diese Türen in Carlos' Leben gekommen war, und wir trieben sie aus. Dann baten wir Jesus, mit seinem Licht in Carlos' Leben zu kommen und jede Ecke und jeden versteckten Winkel zu erleuchten, denn wo sein Licht hereinkommt, da kann keine Dunkelheit zurückbleiben.

Dann erklärte Carlos im Angesicht der sichtbaren und der unsichtbaren Welt, daß er Jesus von Nazareth zum König über jeden Lebensbereich eingesetzt hatte. Er bat Jesus, hereinzukommen und seinen Thron einzunehmen und ihm zu zeigen, was er denken, sagen, fühlen, tun und sein sollte – und was er nicht denken, sagen, fühlen, tun und sein sollte. Carlos versprach, daß er durch die Kraft und die Gnade Gottes in jeder Beziehung gehorchen wolle. Im Namen Jesu löste ich in ihm die Fähigkeit, so zu denken, zu fühlen, zu reden und zu handeln, wie Gott es sich gedacht hatte, als er Carlos sein Leben gab.

In dieser Zeit kam Carlos drei- bis viermal in der Woche zu mir. Er fühlte sich oft zutiefst angeekelt von seinem früheren Leben. Oft kam ihm eine dicke, schleimartige Substanz hoch, wenn wir beteten. Am Ende unseres Gespräches war er jedesmal völlig erschöpft. Immer wieder stießen wir in Carlos auf innere Widerstände. Dann mußten wir darauf warten, daß Jesus zeigte, was in diesem Bereich von Carlos' Leben besonders beachtet werden mußte. An einem Punkt war der Widerstand so massiv, daß ich drei andere Christen bat, bei einer besonderen Gebetszeit für Carlos mit dabei zu sein, und es dauerte mehrere Stunden, bis der Widerstand durchbrochen war.

Als wir alles abgeschlossen hatten, fühlte Carlos sich, als ob eine schwere Last von seinem Rücken genommen worden wäre. Die Depression, unter der er so lange gelitten hatte, begann, sich zu lösen. Zum ersten Mal bemühte er sich ernsthaft um ein Mädchen, ohne nur sexuelle Befriedigung zu erwarten.

Nun begann für ihn der Kampf, seine Gedanken unter den Gehorsam gegenüber Gott zu bringen und so neue Denkgewohnheiten zu entwickeln. Er durfte seine Gedanken nicht länger in jede beliebige Richtung schweifen lassen. Statt dessen mußte er lernen, die Gedanken zu denken, die von Gott her kamen.

Carlos' Leben wandelte sich. Ich hätte mir gewünscht, daß er sich rascher veränderte. Aber er brauchte seine Zeit, um neue Gewohnheiten zu entwickeln und neue Lebensformen zu finden.

Eines Tages geriet er wieder einmal in eine Krise. „Wie wird es jetzt für dich weitergehen, Carlos", fragte ich ihn. „Willst du nun wieder versuchen, die Dinge in eigener Regie zu regeln?"

„Nein“, sagte er, „das kann ich jetzt nicht mehr. Seit wir in mir die Türen zu Satans Reich verschlossen haben, hat sich etwas in mir verändert. Ich kann nicht mehr wie früher einfach meine eigenen Wege gehen.“

Noch immer muß Carlos viel lernen, aber sein Wachstum ist jetzt beständiger geworden. Er möchte, daß sein Leben wertvoll ist für Gott. Als Carlos Jesus als seinen Erretter annahm, war schon etwas bei ihm anders geworden. Aber er war in diesem neuen Leben nur langsam und mit langen Unterbrechungen gewachsen. Der Durchbruch kam, als er sich von seiner Vergangenheit lossagte mit allem, was er erlebt, gedacht und gefühlt hatte, und als in ihm die Türen zum Reich der Finsternis verschlossen wurden und Carlos von der dämonischen Bedrückung befreit wurde, unter der er so lange gelitten hatte.

Okkulte Einflüsse

Viele Leute fragen, wie es möglich ist, daß ein wiedergeborener, gläubiger Christ noch von dämonischen Mächten beeinflußt werden kann. Kümmert sich Jesus denn nicht um dies alles, wenn er in das Leben eines Menschen hineinkommt? Sind wir als Christen denn nicht automatisch frei von unserer ganzen Vergangenheit? Wie kommt es, daß manche Christen noch darüber hinaus Befreiung brauchen? Vielleicht kann das folgende Beispiel das verständlich machen.

Stellen wir uns vor, eine wohlhabende Familie läßt sich ein neues Haus bauen. Um darin vor Dieben gesichert zu sein, lassen sie alle Kellerfenster mit starken Gittern versehen. Nun betätigt sich der Handwerker, der damit betraut ist, gelegentlich selbst als Dieb. Er nimmt sich vor, später, wenn diese reiche Familie eingezogen ist, einzubrechen und alles Wertvolle zu stehlen. Er ist ein wirklich gerissener Dieb. Deshalb mauert er an einem bestimmten Kellerfenster das Gitter mit altem Mörtel ein, um hier eine Schwachstelle zu schaffen. Rein äußerlich scheint alles in Ordnung zu sein. Aber der Mörtel ist so bröckelig, daß man ihn sehr leicht herauskratzen und dann das Gitter entfernen kann. Bald danach zieht diese

Familie mit all ihren wertvollen Möbeln und Teppichen und Kunstgegenständen in das neue Haus ein. Nun ist die Zeit reif für jenen Dieb. Doch wie kommt er in das Haus hinein? Natürlich schellt er nicht an der Haustüre und sagt: „Guten Tag. Ich bin ein Dieb. Bitte lassen Sie mich herein, damit ich Sie bestehlen kann." Er geht zu dem Kellerfenster, das er für diesen Zweck vorbereitet hat, und dort fängt er an, den bröckeligen Mörtel herauszukratzen. Vielleicht hört jemand im Haus die Kratzgeräusche. Aber niemand unternimmt etwas, weil sie sich mit den vergitterten Kellerfenstern ganz sicher fühlen. Möglicherweise denken sie, daß sie Mäuse im Keller haben und fangen dann vielleicht auch noch an, sich zu zanken und gegenseitig zu beschuldigen.

„Habe ich dir nicht gesagt, daß du Mausefallen aufstellen sollst? Und immer vergißt du es!"

„Ich habe die Fallen schon längst aufgestellt. Aber es ist noch keine Maus reingegangen. Immer machst du mir Vorwürfe!"

„Wenn du die Fallen richtig aufgestellt hättest, wären wir die Mäuse schon längst los."

„Nie kann ich dir etwas gut genug machen. Mach es doch selber!"

Und während sie sich zanken, arbeitet der Dieb an dem Fenster, um einzusteigen und ihre wertvollen Sachen zu stehlen. Vielleicht ruft noch ein Nachbar an: „An eurem Kellerfenster ist ein Dieb am Werke. Er versucht einzubrechen."

Aber der Hausbesitzer hört nicht auf ihn. „Bei meinem Haus soll ein Dieb sein? Ich glaube nicht an Diebe. Und wenn es doch noch Diebe geben sollte, dann wagt es bestimmt keiner, in unser gut gesichertes Haus einzubrechen."

Und die ganze Zeit kratzt der Dieb an dem Mörtel. Wenn ihn keiner verjagt, dann gelingt es ihm schließlich, das Gitter zu entfernen, das Fenster zu öffnen und einzusteigen. Beim ersten Mal hat er vielleicht noch Angst, erwischt zu werden, und bleibt deshalb nur ganz kurz in dem Haus und holt sich, was ihm gerade in die Hände fällt: eine Brieftasche etwa oder Schmuck oder einen wertvollen Pelzmantel.

Dann gibt es in der Familie vielleicht wieder Streit. „Wo hast du bloß meine Brieftasche gelassen? Dauernd verlegst du etwas!"

„Und du gibst mir immer an allem die Schuld."

Wenn dann noch immer niemand den Dieb verjagt, wird er immer dreister und dehnt seine Raubzüge in dieses Haus immer weiter aus. Schließlich geht er ganz offen hinein, fesselt die Bewohner und nimmt das Haus für sich in Besitz.

Wenn der Eigentümer auf die Warnung seines Nachbarn gehört und den Dieb verjagt hätte, wäre es dem nicht gelungen, in das Haus einzubrechen und die Familie zu bestehlen. –

Ich möchte dies als Beispiel für unser Leben als Christen gebrauchen. Jesus hat gesagt, daß der Satan ein Dieb ist. Er ist der Feind, der stehlen will, was Gott uns an guten und wertvollen Gaben geschenkt hat. Und so, wie es in jenem sonst gut gesicherten Haus eine Schwachstelle gab – das schlecht eingemauerte Gitter vor dem Kellerfenster –, gibt es in unserem Charakter vielleicht ebenfalls Schwachstellen, an denen Satan bei uns eindringen kann. Möglicherweise sind sie in unseren Familien von Generation zu Generation weiter vererbt worden. Vielleicht sind sie auch durch seelische Verletzungen entstanden, die niemals geheilt sind. Das sind die Punkte, an denen unser Feind kratzt und kratzt und versucht, uns zu *beeinflussen*. Er tut das an diesen Schwachpunkten. Da, wo wir innerlich stark sind, versucht er es erst gar nicht.

Wenn jemand nicht von dieser Beeinflussung befreit wird, dann versucht der Feind, an diesen Stellen unseren Schutz ganz zu durchbrechen, um Türen zum Reich der Finsternis zu öffnen. Durch diese offenen Türen dringt er dann ein und raubt uns die guten Gaben, die Gott uns geschenkt hat. Man kann dann davon sprechen, daß jemand okkult, das heißt von dunklen Mächten, *belastet* ist.

Wenn man von dieser Belastung nicht befreit wird, untergräbt der Dieb die Persönlichkeit immer weiter, bis er eindringen kann, ohne noch auf irgendwelchen Widerstand zu stoßen. Dann übernimmt er die Herrschaft über das ganze „Haus" und fesselt die ehemaligen Besitzer, damit sie nicht mehr frei entscheiden und handeln können. Damit ist derjenige dann okkult *besessen*.

Das alles wäre nicht geschehen, wenn dieser Christ sich schon da um Befreiung bemüht hätte, als er den Einfluß dunkler Mächte in seinem Leben zum ersten Mal spürte oder irgendwann später während seiner Entwicklung bis hin zur Besessenheit. Eine andere Möglichkeit, dem vorzubeugen, wäre gewesen, Jesus jeden Lebensbereich zu übergeben, damit er darüber wachte und als König darüber regierte. Dann wäre der „Dieb“, Satan, entdeckt und aus dem Leben dieses Menschen hinausgeworfen worden.

Wenn jemand unter seelischen Verletzungen leidet, die nicht heilen wollen – auch dann nicht, wenn er sie zu Jesus gebracht hat, wie ich das in meinem ersten Buch beschrieben habe –, dann hängt das oft mit irgend etwas zusammen, was dem Bösen als offene Tür zur Persönlichkeit dieses Menschen dient. Bevor wir uns bei Carlos um diese offenen Türen kümmerten, war der Prozeß der seelischen Heilung bei ihm fast zum Stillstand gekommen.

Ererbte Schwachstellen

Bei Carlos waren die Türen zum Reich der Finsternis durch das geöffnet worden, was er selbst erlebt und getan hatte. Bei anderen können diese offenen Türen in ihrer Familie von Generation zu Generation bis hin zu ihnen selbst weitergegeben worden sein. In der Bibel steht in 2. Mose 20,5.6, daß Gott die Sünden der Väter an den Kindern und Enkeln bis hin zur dritten oder vierten Generation heimsucht bzw. straft, daß er aber bei denen, die ihn lieben und suchen, seine Barmherzigkeit an Tausenden von Generationen erweisen will. Gott sagt das, um uns zu warnen und um zu verhindern, daß unsere Sünden Einfluß auf das Leben unserer Kinder bekommen. Er klärt uns über diese Zusammenhänge auf, damit wir zu ihm kommen, uns ihm gegenüber öffnen können und uns an ihn wenden, damit er uns durch seine Liebe und Gnade von unserer Sünde und ihren Auswirkungen befreit und sie dann nicht mehr das Leben unserer Kinder beeinflussen können. Und das können wir nur, wenn wir wissen, in welchen Bereichen wir belastet sind.

In meinem eigenen Leben gab es solch einen Bereich, wo der Feind Einfluß auf mich hatte. Ich hatte schon als sehr kleines Kind, ungefähr mit dreieinhalb Jahren, Jesus als meinen Heiland in mein Leben aufgenommen. Von ganzem Herzen wollte ich ihm dienen. Aber da gab es eine Sache, die mir Schwierigkeiten machte. In unserer Familie hatten wir alle ein sehr hitziges Temperament. Wenn einer von uns wütend wurde, dann sagte er gewöhnlich: „Mein Millerblut kocht." Die Millers waren meine Vorfahren mütterlicherseits. Ich muß, als ich zur Welt kam, eine doppelte Portion Millerblut mitbekommen haben!

Viele Jahre lang versuchte ich, mein heftiges Temperament unter Kontrolle zu bekommen – ohne den geringsten Erfolg. Eines Tages hörte ich in einer christlichen Radiosendung einen Vortrag zu diesem Thema. Wenn man eine Sünde habe, die man nicht loswerden könne, dann solle man diese Sünde beim Namen nennen und sie im Namen Jesu austreiben. An diesem Tag gebot ich der Wut und dem Ärger, mein Leben zu verlassen. Außerdem sagte ich Gott, daß ich jetzt Schluß machen würde mit den Bemühungen, meine Zornausbrüche unter Kontrolle zu bekommen. Ich hatte es nun schon so lange versucht, und es hatte überhaupt nichts genützt. Wenn er mich nicht umwandelte, dann würde ich eben so bleiben, wie ich war.

Zuerst schien überhaupt nichts zu passieren. Dann wurde mir langsam bewußt, daß ich immer schon vor Wut platzte, bevor ich überhaupt richtig gewahr wurde, daß ich ärgerlich war. Deshalb bat ich Gott, mir einen Augenblick der Besinnung zu geben zwischen dem Zeitpunkt, wo ich ärgerlich wurde und dem Augenblick, wo ich die Beherrschung verlor, damit ich wenigstens ein Stoßgebet zu ihm schicken könnte, bevor ich vor Wut explodierte. Er solle mir zeigen, was mich ärgerlich machte.

Bald spürte ich in brenzligen Situationen einen kleinen Anstoß von Gott in meinem Gewissen: „Paß auf! Gleich wirst du zornig!"

Wenn das geschah, versuchte ich, keinen Zorn zu fühlen. Aber auch dann noch verlor ich doch immer wieder die Beherrschung. Dann zeigte mir Gott, woran das lag. Ich kämpfte darum, nicht zornig zu sein, was bedeutete, daß ich versuchte, nicht das zu fühlen, was ich in Wirklichkeit doch fühlte. Ich wollte meine Gefühle einfach abschalten. Und das war unmöglich. Ich konnte nicht „nichts" fühlen.

Ich mußte herausfinden, was an die Stelle meiner gewohnten Reaktion auf meinen Ärger treten konnte. Ich mußte meinen Ärger spüren und zulassen und ihn dann Jesus geben, damit er ihn für mich trug. Er mußte mir dafür ein anderes Gefühl geben, das mir ermöglichte, so zu reagieren, daß es für mich und denjenigen, der meinen Ärger verursacht hatte, nicht zerstörerisch war. Was für ein Gefühl könnte es sein, das mich von meinem Ärger befreite und mich so reagieren ließ, wie Jesus in dieser Situation reagiert hätte?

„Wie wäre es mit Bedauern?" spürte ich Gott in meinem Gewissen flüstern.

„Ja, wie wäre es mit Bedauern", dachte ich. Solche Situationen waren wirklich bedauerlich, denn wenn meine Geschwister verstanden hätten, wie sehr mich das ärgerte, was sie gerade machten, dann hätten sie es gelassen. Und tatsächlich konnte ich nun einfach bedauern, daß meine Geschwister für das, was ich fühlte, nicht mehr Gespür hatten.

Nun war der letzte Schritt für mich leichter. Mein Ärger wandelte sich langsam in Bedauern und schließlich in Mitgefühl – Mitgefühl für das, was die anderen fühlten und für das mangelnde Verständnis unter uns Geschwistern. Es hatte lange gedauert, bis ich das gelernt hatte. Aber mein erster Schritt dazu war gewesen, daß ich dieser Sünde im Namen Jesu geboten hatte, mich zu verlassen.

An diesem Schwachpunkt, der in meiner Familie von Generation zu Generation weitergegeben worden war, hatte der „Dieb" versucht, bei mir einzubrechen, um mir die Gaben zu rauben, die Gott mir geschenkt hatte.

Ich war keinesfalls besessen. Aber ich wurde doch vom Bösen beeinflußt, und ich mußte an dieser Stelle von dem „Dieb" befreit werden. Wäre das nicht geschehen, dann hätte der Dieb schließlich durch meine Schutzmauern ganz hindurchbrechen und mir Gottes Segnungen rauben können. Vielleicht hätte ich dann irgendwann ernsthaften Streit mit einer Freundin bekommen und unsere Freundschaft wäre dadurch in die Brüche gegangen. Oder ich hätte einmal wegen meiner Wutausbrüche meine Arbeitsstelle verloren. Schlimmstenfalls hätte ich sogar eine Geisteskrankheit bekommen können. Ich wäre vielleicht so unleidlich geworden, daß sich viele nicht mehr getraut hätten, mit mir Kontakt aufzunehmen. Am Ende hätte mich meine Wut vielleicht so in der Gewalt gehabt, daß ich davon regelrecht besessen worden wäre. Was zu Beginn nur eine von meinen Vorfahren überkommene Schwachstelle gewesen war, hätte mich den zerstörerischen Mächten des Teufels vollkommen ausliefern können. Ererbte Schwachpunkte können auch andere zerstörerische Verhaltensmuster sein, wie zum Beispiel ein Hang zur Gewalttätigkeit oder zur Kritiksucht.

Es sind solche Schwachstellen, an denen Satan versucht, Einfluß auf unser Leben zu bekommen und Türen zu seinem Reich der Finsternis zu öffnen. Um erkennen zu können, in welchen Lebensbereichen man möglicherweise Schwachpunkte hat, muß man wissen, wie Gott uns Menschen geschaffen und angelegt hat. Darum geht es im nächsten Kapitel.

Kapitel 2:
Heilung in Jesus

Gott schuf uns Menschen nach seinem Bild (1. Mose 1,26). Wir sind dazu geschaffen, Gottes Herrlichkeit widerzuspiegeln. Die ersten Menschen jedoch, Adam und Eva, wollten Gott nicht gehorchen. Statt dessen hörten sie auf Satan, Gottes Feind, und so wurden sie von Gott getrennt, und mit ihnen alle ihre Nachkommen, die gesamte Menschheit. Und so wie ein zerbrochener Spiegel nur ein verzerrtes, unvollkommenes Bild wiedergeben kann, so ist seither Gottes Bild in uns Menschen verzerrt und gestört und oft kaum noch zu erkennen.

Das ist der Grund dafür, daß es in unserem menschlichen Miteinander so viele Probleme gibt. Wir verletzen andere und werden selbst verletzt und gehen an diesen seelischen Wunden innerlich zugrunde. Genau das ist es, was Satan und seine Diener wollen, und deshalb versuchen sie auf jede nur erdenkliche Weise, Einfluß auf uns zu gewinnen. Das gelingt ihnen besonders gut – oft ohne daß wir es überhaupt merken – an Stellen, wo wir innerlich verletzt sind.

Deshalb muß jeder Bereich unseres Lebens, Leib, Seele und Geist, geheilt und erneuert werden. Mit Geist ist nach dem Sprachgebrauch der Bibel nicht der Verstand gemeint, wie häufig angenommen wird, sondern der Bereich unserer Persönlichkeit, den Gott so geschaffen hat, daß wir Kontakt zur unsichtbaren Welt haben können. Jesus, Gottes Sohn, kam in unsere Welt, um unseren Leib, die Seele und den Geist zu erlösen und heil zu machen.

Paulus schreibt dazu in seinem ersten Brief an die Gemeinde in Thessalonich (1.Thessalonicher 5,23.24): „Er aber, der Gott des Friedens, heilige euch durch und durch und bewahre euren *Geist* samt *Seele* und *Leib* unversehrt, untadelig für die Ankunft unseres Herrn Jesus Christus. Treu ist er, der euch ruft; er wird's auch tun.“

Man kann die drei Bereiche des menschlichen Wesens, die hier genannt werden, Geist, Seele und Leib, mit einem Dreieck darstellen.

In jedem dieser drei Bereiche brauchen wir Erlösung und Heilung.

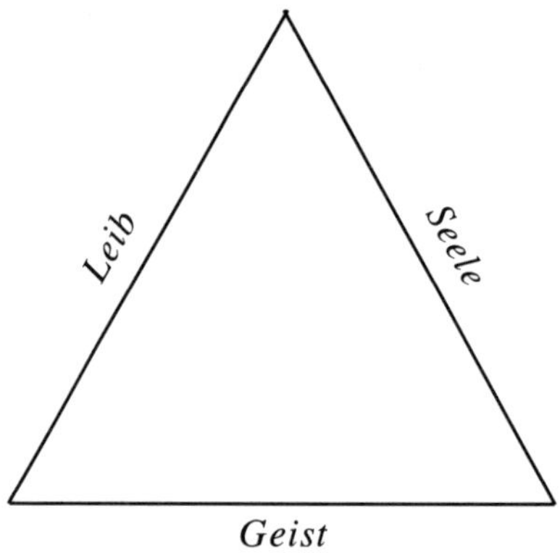

Ganzheitliche Heilung

Jesus sagt in Lukas 4,18.19.21: „Der Geist des Herrn ist auf mir, weil er mich gesalbt hat, zu verkündigen das Evangelium den Armen; er hat mich gesandt, zu predigen den Gefangenen, daß sie frei sein sollen, und den Blinden, daß sie sehen sollen, und den Zerschlagenen, daß sie frei und ledig sein sollen, zu verkündigen das Gnadenjahr des Herrn. Heute ist dieses Wort der Schrift erfüllt vor euren Ohren."

Jesus kam, um die Gefangenen zu befreien, auch die Menschen, die Gefangene ihrer eigenen Komplexe sind. Jesus kam, um uns Freiheit zu bringen. Und er kam, um uns zu erlösen und um unsere zerbrochenen Herzen zu heilen.

Jesaja 53,4.5 sagt über den Sohn Gottes: „Fürwahr, er trug unsere Krankheit und lud auf sich unsere Schmerzen. Wir aber hielten ihn für den, der geplagt und von Gott geschlagen und gemartert wäre. Aber er ist um unserer Missetat willen verwundet und um unserer Sünde willen zerschlagen. Die Strafe liegt auf ihm, auf daß wir Frieden hätten, und durch seine Wunden sind wir geheilt."

Wir wollen den Vers genauer ansehen: „Er trug unsere Krankheit und lud auf sich unsere Schmerzen." Das im hebräischen Grundtext gebrauchte Wort für „Krankheit" meint Leiden im umfassenden Sinn. Das mit „Schmerzen" übersetzte Wort bezeichnet auch den Kummer. Während mit Krankheit vor allem die körperlichen Leiden gemeint sind, betrifft Kummer unsere Seele. Dann geht der Vers weiter: „Er ist um unserer Sünde willen zerschlagen." Krankheit, Kummer und Sünde sind unterschiedliche Dinge, und sie betreffen unterschiedliche Bereiche der Persönlichkeit. Krankheiten betreffen unseren Körper, während Kummer unsere Seele betrifft und Sünde uns von Gott trennt und uns also in unserem Geist berührt. Das bedeutet, daß alle diese drei Lebensbereiche Heilung benötigen. Wie aber können wir diese Heilung unserer ganzen Persönlichkeit empfangen?

Heilung des Geistes

Die Heilung des Geistes, oder – mit anderen Worten ausgedrückt: Sündenvergebung und Heiligung – sind das Thema der meisten predigten, die in christlichen Kirchen und Gemeinden gehalten werden. Und Jesus kam ja wirklich in diese Welt, um uns

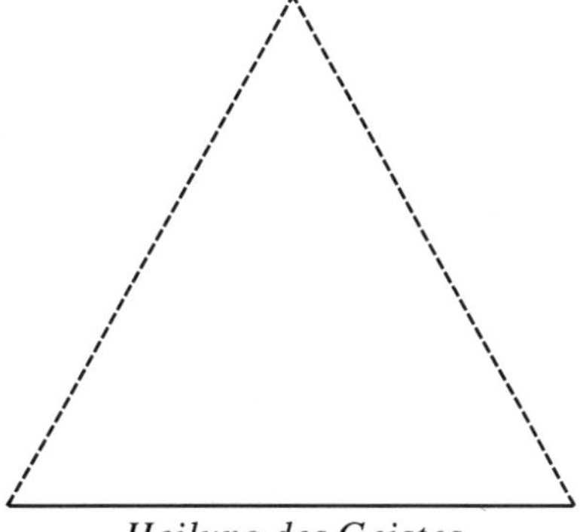

Heilung des Geistes

Vergebung für unsere Sünden zu bringen und damit unsere Trennung von Gott aufzuheben und so unseren Geist zu heilen. Diese geistliche Heilung ist die Grundvoraussetzung für jede weiterreichende Heilung in unserem Leben. Deshalb soll sie als Grundlinie in dem Dreieck eingesetzt werden, mit dem wir die drei Bereiche der menschlichen Persönlichkeit dargestellt haben.

Jesus kommt in das Leben jedes Menschen, der sich für ihn öffnet. Er rettet ihn, reinigt ihn von aller Sünde und macht ihn zu einem Kind Gottes. Die griechische Sprache kennt nur einen Begriff, *sozo*, für unsere beiden Wörter retten und heilen. Jesus kam nicht nur, um uns zu retten, sondern auch, um uns zu heilen. Wenn er uns geistlich errettet, das heißt, wenn er uns unsere Sünde vergibt und so unsere Trennung von Gott aufhebt, dann heilt er uns damit auch in unserem Geist. Beides ist nur ein einziges Geschehen.

Heilung des Leibes

In der Bibel wird aber auch von leiblicher, gesundheitlicher Heilung gesprochen. In Jakobus 5,14.15 steht, daß jemand, der krank ist, die Gemeindeältesten – heute in vielen Kirchen Presbyter genannt – zu sich rufen soll, damit sie ihn mit Öl salben und für ihn beten, und so soll er geheilt werden. In Kolumbien, wo mein Mann und ich im Missionsdienst waren, wurde in den Kirchen und Gemeinden viel über körperliche Heilung gesprochen und gepredigt. Es gab große Veranstaltungen, bei denen besonderes Schwergewicht auf dem Gebet für die Kranken lag. Und auch bei uns geschieht es, wenn auch zumeist ganz in der Stille, daß Gott Kranke auf das Gebet hin wunderbarerweise heilt. Wir wollen also für die Heilung des Leibes eine weitere Linie zu unserer Skizze hinzufügen.

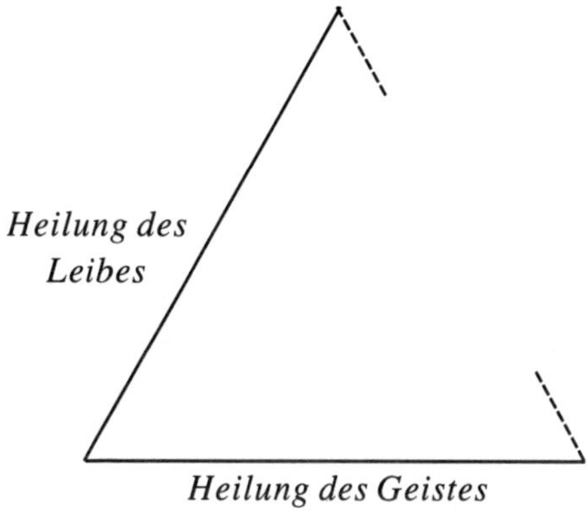

Heilung der Seele

Die Seele ist ein überaus wichtiger Bereich im Menschen. Doch hört man in Predigten und Vorträgen nur sehr wenig darüber, daß Jesus auch gekommen ist, um unsere Seele zu heilen. Dieser Bereich wird meistens Psychologen oder Psychiatern überlassen, obwohl viele von ihnen keine Christen sind. Doch Jesus starb auch, um unsere Seele zu heilen, genauso wie er starb, um unseren Körper und unseren Geist zu heilen. Das geht aus den Versen in Jesaja 53

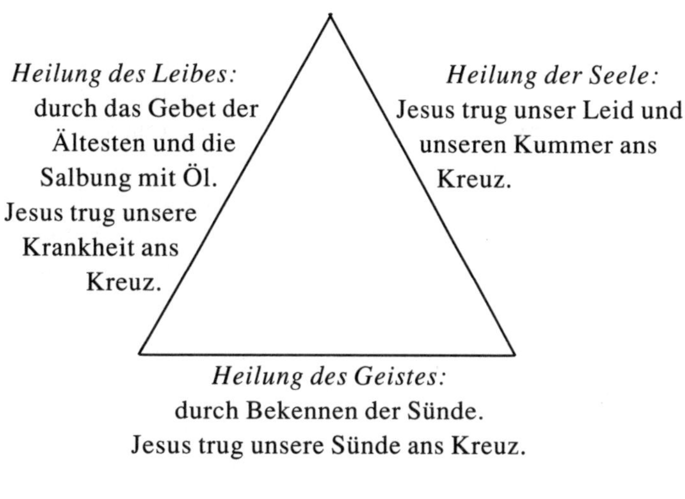

hervor, die ich zu Beginn dieses Kapitels im Abschnitt „Ganzheitliche Heilung" schon einmal angeführt hatte. Das vollständige Dreieck sieht nun also so aus, wie auf Seite 31 unten dargestellt.

Die Christen in Kolumbien fasten und beten häufig wegen besonderer Probleme. Oftmals werden dabei auch Dämonen ausgetrieben. Wenn ein Mensch von Dämonen bedrückt oder beherrscht wird, dann muß er von ihnen befreit werden. Aber manchmal liegen die Probleme, um die es geht, gar nicht im geistlichen, sondern im seelischen Bereich. Dann können sie nur geheilt werden, wenn man die Erinnerung an den erlittenen Schmerz zu Jesus bringt, damit er ihn heilt, und dann mit der Vergebung Jesu demjenigen vergibt, der einen verletzt hat.

In anderen Fällen entstehen durch seelische Verletzungen Schwachstellen, durch die okkulte Mächte Einfluß auf einen Menschen gewinnen. Dann kann man für das geistliche Wachstum dieses Christen beten und beten oder sogar Dämonen austreiben. Und doch wird er, wenn die Türen zum Reich der Finsternis in seiner Seele offen bleiben, in seinem Glaubensleben kaum vorankommen. Diese Türen müssen verschlossen werden, damit er frei werden kann.

Seelische Heilung und okkulter Einfluß

Jede Form von Mißhandlung, die ein Mensch erleidet (verbal, physisch, sexuell oder auch sozial), besonders wenn sie in der Kindheit erlebt wurde, hinterläßt tiefe, seelische Wunden. Diese seelischen Verletzungen sind Schwachstellen, die oftmals bösen Mächten als Ausgangsbasis für ihr zerstörerisches Werk dienen. Deshalb brauchen die Menschen, die davon betroffen sind, an diesen Stellen Befreiung. Manchmal lassen sich seelische Verletzungen und okkulte Belastung kaum voneinander trennen, und dann müssen sie gleichzeitig angegangen werden. Bei manchen Menschen ist das ganze Leben so voller Schmerz, daß sich eine schlimme Erfahrung nicht von der anderen trennen läßt. Dann kann es schwierig sein, die inneren Verletzungen einzeln zu nennen oder aufzuschreiben. So war das bei Julio.

Julio war fünfundvierzig Jahre alt, verheiratet, und er hatte vier Kinder. Er hatte Probleme in der Familie und Ärger in seinem Beruf. Er war schon ein paar Mal in einer psychiatrischen Klinik gewesen. Nun hatten er und seine ganze Familie Jesus als Heiland angenommen, und ihr Leben veränderte sich. Doch Julio fühlte sich noch immer von seiner Vergangenheit bedrückt.

Er hatte eine sehr harte Kindheit gehabt. Sein Vater war Offizier, und er herrschte über seine Familie so wie über seine Rekruten. Um seinen Sohn gefügig zu machen, schlug er ihn erbarmungslos schon beim geringsten Fehlverhalten. Ich bat Julio, aufzuschreiben, was ihn in seiner Vergangenheit alles verletzt hatte. Er konnte es nicht, weil für ihn die Vergangenheit ein einziger, großer Schmerz war. Und er litt nicht nur unter seiner eigenen Not, sondern auch noch darunter, daß er hatte mit ansehen müssen, wie seine Mutter vom Vater geschlagen wurde. Dazu kam außerdem noch die Wut darüber, daß seine Mutter ihn und sich nicht gegen seinen Vater verteidigt hatte.

„Julio", sagte ich zu ihm, „laß uns Jesus bitten, mit dir zurückzugehen in deine Erinnerungen an das Haus, wo ihr gewohnt habt, und wo du all das Schreckliche erlebt hast. Kannst du dich daran erinnern, wie das Haus aussah, wo ihr gewohnt habt?"

„Ja, ich kann mich ganz deutlich daran erinnern", sagte er.

„Dann wollen wir Jesus bitten, zu dir in diese Erinnerung hineinzukommen. Beschreibe mit deinen Worten, was du siehst, wenn du in deinem Erinnerungsbild Jesus mit an die Haustür nimmst."

„Herr Jesus", betete Julio, „ich gehe zur Haustür. Es ist heiß, und die Tür steht offen. Ich nehme dich mit ins Wohnzimmer." Plötzlich schrie Julio auf: „O nein, nein! Nein, Papa, nein!"

„Was passiert dort im Wohnzimmer, Julio?" fragte ich.

„Mein Vater ist böse auf mich."

„Worüber ist er böse?"

„Er denkt, daß ich etwas aus dem Laden von unserem Nachbarn gestohlen habe. Ich hab das nicht getan. Aber mein Vater hört mir gar nicht zu. Nein, Papa, nein! Schlag mich nicht! Bitte schlag mich nicht!"

„Was macht er jetzt mit dir, Julio?“

„Er schleift mich ins Schlafzimmer, um mich zu bestrafen. Er sagt, daß er mich sechzigmal mit seinem Gürtel schlagen muß, mit dem Ende, an dem die Schnalle ist, um mich zu lehren, daß ich nicht stehlen darf.“

„Nimm Jesus mit an die Schlafzimmertür. Beschreib ihm, was da passiert.“

„Jesus, mein Vater schlägt mich mit seinem Riemen. Er zählt seine Schläge. Nun hat er mich schon dreißigmal geschlagen. Ich bitte ihn aufzuhören. ‚Bitte, Papa! Bitte, hör auf! Hör doch auf, Papa! Ich werde nie wieder was tun, was du nicht willst. Ich verspreche es! Bitte, Papa, bitte!‘ Aber er sagt, daß er mich sechzigmal schlagen muß, oder ich würde es nie lernen. Oh, oh, oh! Schließlich ist er fertig. Er wirft seinen Riemen in die Ecke und stampft aus dem Zimmer.“ Julio schluchzt. „Ich liege am Boden, blutend. Meine Mutter hebt mich auf und bringt mich in mein Bett. Sie hat alles mit angesehen und hat nichts gemacht. Zwei Wochen lang kann ich nicht laufen.“

„Jesus“, betete ich, „komm in dieses Zimmer in Julios Erinnerung und stelle dich zwischen Julio und seinen Vater. Nimm die Erinnerung an diese Schläge auf deinen eigenen Rücken. Du wirst für Julio geschlagen, und er bekommt nichts von den Schlägen ab. Berühre seinen blutenden Rücken und heile die zerfetzte Haut und die Muskeln. Heile du diese grauenvolle Erinnerung.“

„Julio“, sagte ich dann, „sag Jesus die Wahrheit. Sag ihm, daß du diese entsetzliche Erinnerung all die Jahre mit dir geschleppt hast, und daß du sie nicht länger tragen kannst.“

„Ja, Gott“, schluchzte Julio, „ich kann es nicht mehr ertragen.“

„Nun stell dir in deinem Erinnerungsbild vor, daß du dich an diese Schlafzimmertür stellst, dicht neben Jesus“, sagte ich weiter. „Bück dich und nimm den Fußbodenbelag hoch und rolle ihn zusammen bis zur anderen Zimmerseite. Rolle alles, was in dem Zimmer ist, mit hinein, deinen wütenden Vater, den kleinen Julio, der so schlimm geschlagen wird und dann mit blutendem Rücken am Boden liegt, deine Mutter, die nichts dagegen tut, daß ihr Junge so geschlagen wird, und alles andere, woran du dich erinnern kannst. Schlag in deiner Vorstellung die Enden von dieser großen

Rolle, die du gemacht hast, zusammen und stampfe darauf herum, bis alles ganz klein ist. Und dann stelle dir vor, daß Jesus einen großen Sack hat, den er für dich aufhält. Dieser Sack ist so groß, daß alles hineinpaßt, was du abladen möchtest.

Sag zu Jesus: ‚Herr, ich rolle diesen Teppich mit meinem Vater und seiner ganzen Wut und Grausamkeit zusammen. Ich rolle den kleinen Jungen mit seinen Schmerzen und dieser entsetzlichen Angst mit hinein, und auch meine Mutter mit ihrer ganzen Hilflosigkeit. Ich rolle das alles bis zur anderen Zimmerseite, und dann falte ich es zusammen und stampfe darauf herum, bis nur noch ein kleiner Haufen übrigbleibt. Jesus, und nun halte bitte deinen Sack für mich auf. Ich nehme diesen ganzen Haufen und werfe ihn in deinen Sack. Nimm du das alles und trage es an dein Kreuz. Ich kann es nicht mehr tragen.‘ “

Julio betete das, und er warf in seiner Vorstellung alles, woran er sich in diesem Zusammenhang erinnern konnte, in jenen Sack, den Jesus für ihn bereithielt.

„Julio, nun sieh dir dieses Zimmer noch einmal an. Wie sieht es jetzt aus?“

„Es ist ganz leer. Man sieht nur noch den nackten Fußboden und die Wände“, antwortete er.

„Gut. Dann bitte Jesus, daß er jetzt etwas Schönes in diesen Raum hineinbringt. In der Bibel steht, daß Gott die Jahre ersetzen will, die die Heuschrecken gefressen haben (Joel 2,25) und daß er die Asche durch Schönes ersetzen will (Jesaja 61,3).“

„Jesus, bitte bringe irgend etwas Schönes für mich in das Zimmer“, betete Julio.

„Was macht er jetzt, Julio? Sieh mit deinen inneren geistlichen Augen, was er dir zeigt.“

Julio zögerte einen Augenblick. Dann sagte er: „Ich sehe Jesus dort drinnen mit mir zusammen. Er spielt mit mir.“

„Bist du glücklich mit ihm?“

„Ja.“

„Fühlst du dich sicher?“

„Ja. Er beschützt mich.“

„Herr Jesus“, betete ich, indem ich meine Hand leicht auf Julios Kopf legte, „präge dieses Bild so tief in Julios Seele ein, daß er jedesmal, wenn er sich daran erinnert, wie sein Vater ihn geschlagen hat, er sich auch an dieses Bild erinnert, wie du mit ihm gespielt hast und ihn beschützt hast.“

Dann nahm Julio Jesus mit zur Tür des nächsten Zimmers und beschrieb, was da passierte. Wir rollten dann auch das zusammen, warfen es in den Sack, den Jesus bereithielt, und sahen zu, wie er alles zum Kreuz brachte. Wieder baten wir Jesus, etwas Schönes für Julio in jenen Raum zu bringen.

So gingen wir im Geiste durch jedes Zimmer von Julios Elternhaus. Jesus befreite ihn von all dem Entsetzlichen, das er erlitten hatte und heilte seine tiefen, seelischen Wunden. Und dann verschlossen wir alle Türen zum Herrschaftsbereich der Dunkelheit, die durch das, was Julio erlebt hatte, geöffnet worden waren.

Die Einheit von Leib, Seele und Geist

Obwohl man von verschiedenen Bereichen der menschlichen Natur sprechen kann, und obwohl jeder Bereich seine Besonderheiten hat, erleben wir uns selber als Einheit. Deshalb hat jeder Bereich Einfluß auf die anderen. Wenn jemand ein Bein gebrochen hat, betrifft das nicht nur seinen Körper. Es ruft auch Trauer oder Niedergeschlagenheit in der Seele hervor und kann im geistlichen Bereich das Empfinden bewirken, Gott sei weit entfernt und kümmere sich nicht um einen.

Genauso können traumatische Erfahrungen, die den seelischen Bereich betreffen, auch im geistlichen, physischen oder sozialen Bereich Türen zum Herrschaftsbereich Satans öffnen. Dasselbe gilt für die Beziehung jedes Bereiches zu den anderen. In den nächsten Kapiteln werden wir sehen, wie das im einzelnen aussehen kann, und in welchen Lebensbereichen es Schwachstellen und offene Türen für Satan geben kann.

Kapitel 3: Offene Türen im Geist

Um erkennen zu können, in welchem unserer Lebensbereiche es offene Türen für den Satan geben könnte, müssen wir uns noch einmal damit beschäftigen, wie Gott uns geschaffen hat. Im vorigen Kapitel führte ich an, wie Paulus darum betete, daß die Thessalonicher an Leib, Seele und Geist unversehrt bewahrt blieben. Jeder dieser Bereiche kann also vom Feind angegriffen werden.

Weiter schreibt Paulus in seinem Brief an die Epheser: „Zürnt ihr, dann sündigt nicht, laßt die Sonne nicht über eurem Zorn untergehen und gebt nicht Raum dem Teufel" (Epheser 4,26).

Das bedeutet, daß zurückbehaltener und aufgestauter Zorn dem Feind Einstiegspunkte in unser Leben gibt. Aufgestauter Ärger zieht eine Menge anderer Gefühle nach sich wie zum Beispiel Groll, Haß und Bitterkeit, und das kann am Ende zu Falschheit, Verachtung, Gewalt, Mord und vielem anderem führen. Das alles sind für den Satan Einstiegspunkte, an denen sie einen Menschen bedrücken und beeinflussen und in einigen Fällen sogar ganz in ihre Gewalt bekommen können. Groll, Haß und Bitterkeit dienen als offene Türen zum Reich der Finsternis, durch die Teilbereiche unseres Lebens zu Angriffszonen oder sogar Kontrollbereichen des Feindes werden.

Als Jesus mit seinen Jüngern das Abendmahl gehalten hatte, sagte er ihnen, kurz bevor er aufbrach, um nach Gethsemane zu gehen: „Es kommt der Fürst dieser Welt. Er hat keine Macht über mich" (Johannes 14,30). Im Leben Jesu gab es nichts, was für den „Fürsten dieser Welt", nämlich den Satan, als Einstiegspunkt hätte dienen können. Bei Jesus gab es keine offenen Türen und keine Schwachpunkte, wo Satan Einfluß oder Macht hätte gewinnen können. Obwohl Jesus in jeder Beziehung versucht worden ist wie wir (Hebräer 4,15), hat er nicht gesündigt. Durch das, was er erlebte, mußte er Gehorsam lernen (Hebräer 5,8), doch er gab dem

Feind keinen Raum. Wir Menschen haben dagegen alle Schwachstellen und offene Türen.

Jeder *Bereich des Lebens, Leib, Seele und Geist* kann nochmals unterteilt werden. In den nachfolgenden Kapiteln wollen wir jeden Bereich für sich betrachten.

Der *Lebensbereich Geist* kann unterteilt werden in die Bereiche Gewissen, geistliches Wahrnehmungsvermögen und Anbetung. Das läßt sich folgendermaßen darstellen:

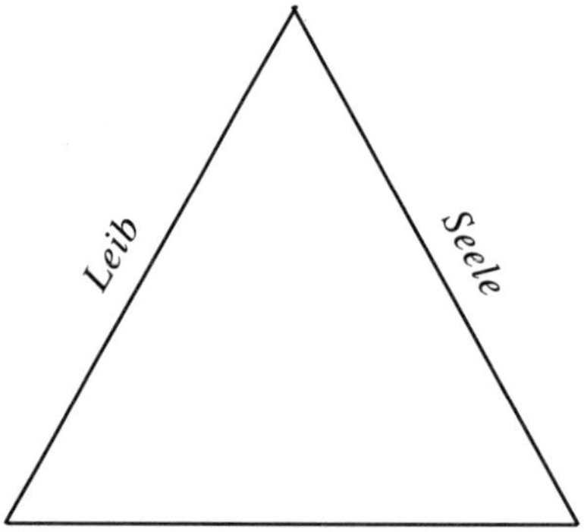

Geist
Gewissen, geistliches Wahrnehmungsvermögen, Anbetung

Das Gewissen

Das Gewissen ist der Teil unseres Geistes, der uns sagt, was richtig und was falsch ist. Von Kindheit an wird dem Gewissen eingeprägt, was man tun soll und was nicht. Je nachdem, was ein Kind bei seinen Eltern gehört, gesehen und erlebt hat, wird es „wissen", was richtig und was falsch ist. Es ist wichtig, daß das Gewissen in Übereinstimmung mit den Geboten geprägt wird, die Gott uns in der Bibel gegeben hat. Wir müssen für Gottes Geist und sein Wort beständig offen sein, damit er uns sagen kann, wie wir leben sollen.

Auch das Gewissen braucht Heilung. Wer als Kind ständig kritisiert und herabgesetzt worden ist oder zu streng bestraft wurde, den verurteilt sein Gewissen ständig. Ganz gleich, was derjenige dann tut, er hat immer das Gefühl, nicht gut genug zu sein. Und wenn er wirklich einmal etwas gut gemacht hat, fühlt er sich dafür schuldig, daß er das Gefühl hat, etwas gut gemacht zu haben. Sich selbst gegenüber gute Gefühle zu haben, ist in seinen Augen Stolz. Diese Menschen prüfen ununterbrochen, ob sie etwas verkehrt gemacht haben, und mühen sich, immer perfekter zu werden. Sie leben unter dem beständigen Druck ihres schlechten Gewissens.

Es gibt aber auch Menschen, die fast alles tun können, ohne von ihrem Gewissen verurteilt zu werden. Ihr Gewissen wurde vielleicht kaum gelehrt, daß auch etwas verkehrt ist, oder es ist stumm geworden, weil sie nie auf seine Stimme gehört haben.

Es kann zum Beispiel sein, daß ein Kind gelehrt worden ist, es sei in bestimmten Situationen durchaus richtig zu lügen. Manche Kinder gewöhnen sich an, immer nur das zu sagen, was die anderen gern hören möchten, weil das ihre einzige Möglichkeit ist, Schlägen oder schlimmem Schimpfen und Herabsetzungen zu entgehen. Wenn so ein Kind erwachsen geworden ist, lügt es dann, ohne dabei ein schlechtes Gewissen zu bekommen, und oft sogar, ohne es überhaupt als Lügen zu erkennen. Manche Menschen können ohne die geringsten Gewissensbisse sehr schlimme Dinge tun.

Wenn wir unser Leben Gott übergeben, kommt unser Gewissen unter den Einfluß des Heiligen Geistes. Der Geist lehrt uns, was richtig und was verkehrt ist. Wir beginnen zu spüren, was Gott von uns will und was nicht. Unser Gewissen beginnt, sich zu wandeln.

Bei manchen Menschen kommt es allerdings nie zu einer echten Veränderung. Sie scheinen nie ein inneres Bewußtsein dafür zu entwickeln, was es bedeutet, unter Gottes Herrschaft zu leben. Bei anderen dagegen weicht niemals ihr Gefühl, verdammt zu sein. Wenn man versucht, diesen Christen zu zeigen, was Gottes Wort über Gut und Böse sagt, dann wissen sie immer schon alles. Trotzdem scheint es nie zu einer Veränderung in ihrem Leben zu kommen. Es ist, als ob sie irgend etwas davon abhält, Gottes Stimme und Gottes Führung wahrzunehmen.

Häufig ist das ein Anzeichen dafür, daß es in ihrem Leben eine offene Tür zum Reich der Finsternis gibt. Diese Tür kann in einer Familie von Generation zu Generation weitergegeben worden oder durch persönliches Erleben entstanden sein. Solche offenen Türen müssen im Namen Jesu verschlossen werden. Das wird an den Erfahrungen von Wanda und Mary deutlich, zwei Frauen, die ich durch meine Beratungstätigkeit kennenlernte.

Wanda

Wanda wuchs in einem sehr strengen, christlichen Elternhaus auf. Viele Dinge waren verboten. Wenn sie und ihre Geschwister in der Wohnung oder draußen etwas spielen wollten, mußten sie vorher immer besonders um Erlaubnis fragen. Wenn sie von der Schule nach Hause kamen, wurden sie sofort in ihre Zimmer geschickt, damit sie ihre Hausaufgaben machten. Sie durften vorher nicht einmal einen kurzen Schwatz halten oder eine Kleinigkeit essen. Schwierigkeiten oder Probleme durften nicht erwähnt werden. Ihre Eltern achteten streng darauf, daß sie zu Hause nur über gute und schöne Dinge sprachen. Das Schlafzimmer der Eltern war absoluter Privatbereich. Keins der sechs Kinder durfte jemals hineingehen. Um neun Uhr abends mußten die Kinder in den Betten sein und durften dann nicht einmal mehr lesen, auch nicht während der Ferien oder als sie schon im Teenageralter waren. Wenn Wanda nach der Schule etwas essen wollte, mußte sie sich, während ihre Mutter vor dem Fernseher saß, um ihre tägliche Seifenoper anzuschauen, heimlich aus ihrem Zimmer in die Küche schleichen und sich ein Butterbrot mit Erdnußcreme oder Marmelade machen. Und dann mußte Wanda auch den winzigsten Krümel wegwischen, damit ihre Mutter nichts merkte. Hin und wieder hätte sie gern ihrer Mutter in der Küche geholfen. Aber auch das durfte sie nicht, weil sie, wie ihre Mutter sagte, „immer so einen Mist“ machte. Ihr Platz war ausschließlich in ihrem Zimmer.

Wandas Mutter bestand mit Nachdruck darauf, daß sie als Mutter der Familie nur das Beste für ihre Kinder tue. Wanda hörte tatsächlich einmal, wie ihre Mutter einer Freundin sagte, sie sei eine so gute Mutter und eine so gute Christin, daß sie kein einziges Mal in ihrem Leben wirklich etwas falsch gemacht habe. Sie habe zwar manche Fehler gemacht, räumte sie ein. Aber sie habe nie gesündigt und sich deshalb auch nie für irgend etwas entschuldigen müssen. Ihre Schwester habe viele schlimme Dinge getan. Aber sie selbst sei immer gut gewesen.

Wanda und auch ihre Geschwister hatten alle schon als kleine Kinder Jesus als ihren Herrn angenommen, aber nur Wanda folgte ihm wirklich nach. Alle fünf anderen rebellierten gegen ihre christliche Erziehung. Nur Wanda wollte Gott mit ihrem ganzen Leben dienen. Aber nun, als Seminarstudentin, hatte sie Schwierigkeiten. Sie konnte nicht mit Gleichaltrigen zusammen sein. Nur bei Kindern und älteren Leuten fühlte sie sich wohl. Um ihre Studiengebühren aufbringen zu können, ging Wanda putzen. Aber sie hatte Probleme damit, die Schlafzimmer zu putzen. Ihr Gewissen sagte ihr, daß sie nicht das Recht habe, diese Zimmer zu betreten. Das seien Privaträume, in die niemand hineingehen dürfe.

Auch in ihrem geistlichen Leben hatte Wanda Probleme. Sie liebte Gott. Aber jedesmal, wenn sie auch nur die geringste Kleinigkeit falsch machte, hatte sie das Gefühl, nun doch in die Hölle zu kommen. Und sie dachte, Gott werde ihr niemals vergeben, bevor sie sich nicht selbst irgendwie bestraft hatte. Sie wußte, daß Jesus für alles, was sie verkehrt machte, gestorben war. Trotzdem meinte sie, daß sie sich selbst bestrafen müsse, um zu zeigen, wie leid es ihr tat.

Wanda konnte an ihre negativen Gefühle überhaupt nicht herankommen. Sie konnte auch nicht weinen. Die Tränen stiegen ihr in die Augen, aber sie lösten sich nicht. Eines Tages fragte ich sie nach ihrer Großmutter mütterlicherseits.

„Die war auch schrecklich streng“, sagte Wanda, „genauso streng wie meine Mutter.“

„Und wie ist deine Tante?“

„Die ist das schwarze Schaf der Familie. Sie hat ganz schlimme Sachen gemacht. Sie hat gegen alles rebelliert, was meine Großeltern ihr beibringen wollten. Aber meine Mutter hat immer alles richtig gemacht.“

„Was waren das für schlimme Dinge, die deine Tante gemacht hat?“

„Sie ist nicht um zehn Uhr nach Hause gekommen, und sie hat sich geschminkt ... Meine Großeltern waren so streng, daß sie von allem weggelaufen ist. Sie will jetzt überhaupt nichts mehr mit Gott zu tun haben.“

„Ist das nicht dasselbe, was jetzt in deiner Familie wieder geschieht? Dein Gewissen hat die Härte und Strenge deiner Mutter aufgenommen und läßt dich für jede geringste Verfehlung büßen. Doch deine Geschwister haben dagegen rebelliert und alles weggeworfen, sogar Gott. Spielt sich in dieser Generation nicht dasselbe ab wie in der vorigen?“

Als ich Wanda dann erklärte, daß Einfallstüren für den Teufel von Generation zu Generation weitergegeben werden können, wurde ihr klar, daß sie in diesem Bereich Hilfe brauchte. Wir baten an diesem Tag Gott im Gebet, die offenen Türen in ihrem Geist und in ihrem Gewissen zu verschließen.

In der folgenden Woche kam Wanda wieder zu mir. Diesmal war sie voller Ärger. Aber sie wußte nicht, woher dieser Ärger kam, oder auf wen sie ärgerlich war. Immerhin war sie endlich in Kontakt gekommen mit der gewaltigen Wut, die in ihrem Inneren aufgestaut war. Wanda fühlte sich so vernichtet bei dem Gedanken, daß es in ihr so etwas Schlimmes wie Ärger gab, daß sie nicht mehr für sich beten konnte. Für andere konnte sie noch beten, aber nicht mehr für sich selbst.

„Wie kann Gott auf mich hören, wenn ich so schreckliche Gefühle in mir habe? Wir müssen doch unser Herz reinigen, bevor wir zu Gott kommen“, sagte sie.

„Meinst du, daß du selbst dein Herz reinigen mußt, bevor du zu ihm kommen kannst?“ fragte ich sie.

„Nun, ich weiß natürlich, daß Gott unsere Herzen reinigt. Aber ich kann einfach nicht zu ihm gehen, wenn ich mich so fühle!“

„Wie kannst du denn dann überhaupt zu ihm kommen?“

„Das ist das Problem. Ich kann mit ihm einfach nicht mehr über mich selbst sprechen.“

Nur mit viel Geduld und Behutsamkeit gelang es mir, Wanda dahin zu führen, daß sie Gott sagen konnte, wie schrecklich ärgerlich sie war. Aber sie konnte auch dann noch immer nicht die Ursache ihres Ärgers erkennen. Auch konnte sie sich vor sich selbst nicht eingestehen, daß ihre Mutter ihr gegenüber etwas falsch gemacht hatte. Ihre Eltern hatten sich eben dafür entschieden, ihre Kinder auf diese Weise zu erziehen, und das war schließlich ihr gutes Recht. Sie dürfe als Kind nicht beurteilen, ob das richtig oder falsch gewesen war. Aber solange sich Wanda nicht eingestand, daß ihre Mutter etwas falsch gemacht hatte, konnte sie ihr auch nicht vergeben. Und deshalb gab es für Wanda auch keine Möglichkeit, ihren Ärger loszuwerden.

Wir beteten nun auch noch für die übrigen Bereiche von Wandas Leben, besonders für ihre Gefühle und ihre sozialen Beziehungen. Als sie dann endlich vor sich selbst zugeben konnte, daß ihre Mutter nicht immer perfekt gewesen war, konnte sie aufschreiben, was sie alles ihrer Mutter vergeben mußte. Erst als wir in ihrem Leben die Türen zum Reich der Finsternis verschlossen hatten und sie nun fähig geworden war, ihre Kindheit so zu sehen, wie Gott sie sah, erlaubte ihr das Gewissen, ihre inneren Wunden zu sehen und sie zu Jesus zu bringen, damit er sie heilte. Erst da konnte sie vergeben.

Mary

Mary war Bibelschülerin. Die Leitung der Bibelschule hatte sie von der Schule verwiesen, weil man annahm, daß sie krankhaft log. Mary war total durcheinander. Sie liebte Jesus, und sie wollte ihm dienen. Was sollte sie tun? Nun war sie zu uns gekommen, um an unserem Seminar zu studieren. Sie war auch angenommen worden unter der Bedingung, daß sie zu einer psychologisch-seelsorglichen Beratung gehe.

„Ich verstehe überhaupt nicht, was passiert ist“, sagte Mary, als sie in meine Praxis kam. „Ich habe studiert und alles lief gut, und dann auf einmal ging alles schief.“

„Erzähl mir einfach, was geschehen ist“, ermutigte ich sie. „Dann versuchen wir, es gemeinsam zu verstehen.“

„Es fing alles damit an, daß Irene, eine von meinen Mitstudentinnen, sagte, ich versuche, ihr ihren Freund wegzuschnappen. Ich leitete zu der Zeit eine Sonntagschulgruppe, und ich konnte nur zur Kirche kommen, wenn ich mit ihrem Freund mitfuhr. Ich nehme an, sie war eifersüchtig. Sie sagte, daß sie gesehen habe, wie ich ihren Freund dauernd angeschaut hätte, und wie ich versucht hätte, ihn mit meinen Blicken auf mich aufmerksam zu machen. Später erzählte sie dann noch Alicia, auf deren kleine Kinder ich öfter aufpaßte, ich versuche, sie und ihren Mann auseinanderzubringen, um dann ihren Mann für mich zu bekommen."

„Hast du das wirklich getan?"

„Nein", antwortete Mary, „ich bin ganz sicher, daß ich das nicht gemacht habe. Ich dachte, Alicia und Lester, ihr Mann, wären meine Freunde. Ich war gerne bei ihnen, weil ich mich dort wohlfühlte. Lester hatte am Seminar teilweise die gleichen Kurse belegt wie ich, und deshalb habe ich mir manchmal von ihm die Hausaufgaben erklären lassen. Aber er war für mich nie etwas anderes als Alicias Mann. Ich dachte, sie sei meine Freundin. Außerdem habe ich auch selber einen Freund. Ich hatte kein Interesse an einem anderen."

„Geht dein Freund auch zum Seminar?"

„Nein, er ist beim Militär. Ich habe ihn jetzt lange nicht gesehen, deshalb waren sie so überzeugt davon, daß ich versucht hätte, diese Männer auf mich aufmerksam zu machen. Sie sagten, ich hätte meinen Freund vergessen. Aber das stimmt nicht."

„Wenn du wirklich nicht an diesen anderen Männern interessiert warst, wie konnte sich dieses ganze Gerede dann so aufbauschen, daß man dir schließlich gesagt hat, du müßtest die Bibelschule verlassen?"

„Das muß schon lange, bevor ich etwas davon mitbekommen habe, angefangen haben. Ich habe nur gemerkt, daß Irene sich mir gegenüber auf einmal ganz anders verhielt, und ich konnte mir nicht erklären, warum. Noch einige Wochen, nachdem Alicia mir gesagt hatte, daß sie sich ein anderes Mädchen als Babysitter besorgt hätten, wußte ich nicht, was da vor sich ging. Als ich Alicia fragte, ob ich irgend etwas falsch gemacht hätte, sagte sie mir, ich wüßte doch wohl selbst am besten, was los gewesen sei. Ich habe sie dann gefragt, was sie damit meine, und da hat sie gesagt, ich solle doch nicht so unschuldig tun, und sie würde mir nichts weiter sagen. Schließlich hat mir meine Zimmerkollegin gesagt, was über mich geredet wurde."

„Sie treffen sich heute abend, um für diese ganze Sache zu beten", hatte ihre Zimmerkollegin ihr berichtet. Kurz darauf bat die für die Mädchen verantwortliche Lehrerin Mary, auch zu dem Gebetstreffen zu kommen.

„Ich ging ganz unbeschwert hin", sagte Mary schluchzend. „Ich dachte, jetzt würde sich alles aufklären. Als ich dann da war, sollte jeder sagen, was er gehört hatte, damit alles ans Licht kam. Sie sagten so schreckliche Dinge, daß mir der Verstand aussetzte. Ich hatte keine Ahnung gehabt, was für schlimme Gerüchte über mich im Umlauf waren."

Einen Zettel, auf dem Mary etwas über eine Hausaufgabe nachgefragt hatte, und den Alicia in Lesters Hosentasche gefunden hatte, sahen sie als Beweis für ihr Gerede an. Lester hatte Alicia versichert, daß der Zettel wirklich keine weitere Bedeutung habe, und daß es zwischen Mary und ihm absolut nichts gebe. Trotzdem bestand Irene darauf, daß Mary über diesen Zettel befragt wurde, weil sie sicher war, daß Mary mit diesem Zettel mehr im Sinn gehabt hatte.

„Als sie mich fragten, was ich dazu zu sagen hätte, war es, als wäre mein Verstand stehengeblieben", berichtete Mary weiter. „Ich konnte überhaupt nicht mehr richtig denken. Ich wußte, daß ich den Zettel geschrieben hatte, aber ich war sicher, daß ich mir nichts anderes dabei gedacht hatte. Aber Irene fragte immer weiter nach so schlimmen Dingen, daß ich gar nicht mehr wußte, was ich sagte.

Schließlich sagte die Lehrerin, die dabei war, sie könnten jetzt nur noch darum beten, daß Gott die Wahrheit ans Licht bringen möge. Nachdem sie das getan hatten, fragte die Lehrerin mich wieder, was ich zu dem allen zu sagen hätte. Wieder versuchte ich, alles zu erklären. Aber sie saßen alle nur da und schauten mich an, und ich war so durcheinander, daß ich mich nicht klar ausdrücken konnte. Dann sagte die Lehrerin, Gott habe ihr gezeigt, daß ich wirklich schuldig sei, und daß ich es nur nicht zugeben wolle.

Sie haben mich ganz durcheinander gebracht. Wenn Gott wirklich gesagt hatte, daß ich schuldig sei, dann gab es in mir vielleicht doch etwas, das mir gar nicht bewußt war. Trotzdem wußte ich, daß alles nicht stimmte. Ich war so durcheinander, daß ich einfach nicht mehr merkte, was ich sagte. Am nächsten Tag erzählten sie mir, ich hätte gesagt, daß alles stimmte, und daß ich mich zuerst nur zu sehr geschämt hätte, um es zuzugeben."

In der Woche darauf wurde Mary vor das Lehrerkollegium zitiert. „Sie versuchten, freundlich zu mir zu sein", sagte Mary. „Einer der Lehrer saß neben mir. Er sagte, daß sie mir nur helfen wollten und mir die Chance geben wollten, mich zu rechtfertigen. Aber als ich dann aufgefordert wurde, zu dem allen Stellung zu nehmen, konnte ich nur noch alle ihre Augen um mich herum sehen, wie sie alle auf mich schauten. Ich konnte nicht mehr denken. Es war schrecklich. Sie stellten mir Fragen, und ich wußte überhaupt nicht, was ich antwortete. Später sagten sie mir, daß ich mir dauernd widersprochen hätte, daß ich gesagt hätte, ich sei an einem Sonntag nicht zur Kirche gegangen, obwohl ich genau wußte, daß ich dagewesen war. Ich wußte auch wirklich, daß ich an dem Sonntag dagewesen war. Ich hatte nur sagen wollen, daß ich früher weggegangen war. Wegen dieser Sache meinten sie dann, daß ich krankhaft lüge."

Aufgrund dieses Gespräches verordnete die Schulleitung, daß es für Mary besser sei, die Bibelschule für ein Jahr zu verlassen, um eine Therapie zu machen, bevor sie weiterstudierte.

Mary fühlte sich in Innersten getroffen. Sie liebte Jesus als ihren Herrn und wollte ihm dienen. Ich bat sie, mir von ihrer Kindheit zu erzählen. Marys Eltern waren Christen geworden, als sie noch ein kleines Kind gewesen war. Beide Eltern wollten Gott dienen, aber sie konnten sich nicht darüber einig werden, in welche Kirche sie miteinander gehen wollten. So ging ihr Vater zu der einen Kirche und ihre Mutter zu der anderen. Die Kinder wurden zwischen diesen beiden Kirchen hin- und hergezerrt.

Marys Eltern hatten ein sehr enges Gewissen. Sie bemühten sich stets, alles richtig zu machen. Wenn die Kinder etwas verkehrt machten, wurden sie streng zur Ordnung gerufen. Sie mußten alles gestehen und wurden dann bestraft. Wenn die Eltern überzeugt waren, daß irgendeine Sache passiert war, durften die Kinder sich nicht verteidigen, oder sie wurden dafür desto strenger bestraft. Mary lernte bald, daß sie nur zuzugeben brauchte, was man von ihr erwartete, wenn sie schwierigen Situationen entgehen wollte. Als sie ihr Leben Jesus übergab, fing sie an, gegen diese Form von Lügen anzukämpfen. Sie versuchte, immer die Wahrheit zu sagen. Aber bei Auseinandersetzungen oder in Streßsituationen setzte einfach ihr Verstand aus. Sie konnte dann an nichts anderes mehr denken, als genau das zu sagen, was die Leute von ihr erwarteten, mit denen sie konfrontiert war. Und genau das war auch in der Bibelschule geschehen.

Wir schlossen nun die offenen Türen des Feindes in ihrem Leben und zerstörten diesen Angriffspunkt des Bösen in ihr, daß sie geglaubt hatte, nur dann aus bestimmten Zwangslagen entrinnen zu können, wenn sie genau das sagte, was man von ihr erwartete. In ihr wurde die Fähigkeit gelöst, die Wahrheit zu sagen, so wie Jesus es getan hatte, als er auf unserer Erde lebte, und dazu eine starke Abwehr dagegen, sich mit Dingen einverstanden zu erklären, die nicht der Wahrheit entsprachen.

Langsam gingen wir daran, all die Verletzungen aus ihrer Vergangenheit zu bearbeiten. Schritt für Schritt lernte Mary, daß sie sagen durfte, was sie fühlte. Sie lernte, ihren Ärger zuzulassen und ihn auf Jesus zu legen, wenn jemand sie angriff, und dann freundlich aber bestimmt auf dem zu bestehen, was ihr Gewissen ihr sagte. –

Obwohl Wandas und Marys Eltern in bester Absicht versucht hatten, ihre Kinder zu einem Leben zur Ehre Gottes zu erziehen, hatten ihre große Strenge und ihr unversöhnlicher Lebensstil bei ihren Kindern ein so überstrenges Gewissen erzeugt, das sie nicht so fröhlich und frei als Christen leben konnten, wie Gott das für seine Kinder gewollt hat. Ihre seelischen Verletzungen waren so tief und die Fehlprägung ihres Gewissens so schwerwiegend, daß sie zu Einfallstoren für das Reich der Finsternis geworden waren.

Geistliches Wahrnehmungsvermögen

Ein zweiter Bereich unseres Geistes ist das geistliche Wahrnehmungsvermögen. Durch es können wir Gottes Führung erkennen und seine Liebe zu uns spüren. Wenn dieser Bereich heil ist, wissen wir im Innersten, daß Gott uns gute Dinge geben möchte, daß er nicht auf der Lauer liegt und darauf wartet, daß wir etwas falsch machen, um uns dann zu strafen. Wir spüren statt dessen, daß er gut ist, daß wir uns auf ihn verlassen können, daß er uns leitet und versorgt, uns Hoffnung und Zukunft geben will (Jeremia 29,11). Doch manche Menschen können Gottes Liebe nicht spüren. Auch Angela hatte dieses Problem.

Angela

Angela hatte Angst vor einer Prüfung. Da gab ihr eine Freundin den Rat, sich ans Grab eines bösen Mannes zu knieen, der einige Tage zuvor beerdigt worden war, und dann das Vaterunser rückwärts aufzusagen. Dann, so sagte die Freundin, werde sie die Prüfung schaffen. Angela befolgte diesen Rat in allen Einzelheiten, und dann vergaß sie die ganze Sache.

Jahre später nahm sie Jesus als ihren Heiland in ihr Leben auf. Von Herzen wollte sie dem Herrn dienen. Ihr Mann war Pastor, und sie stand ihm in seinem Dienst treu zur Seite. Doch in all den Jahren konnte Angela Gottes Liebe nicht spüren. Statt dessen hatte sie immer das Gefühl, daß Jesus, wenn er eines Tages wieder auf diese Erde kam, alle anderen Christen mit sich in sein Reich nehmen, sie selbst aber zurücklassen werde.

Wir waren eingeladen worden, in ihrer Gemeinde eine Vortragsreihe zu halten. An einem der Abende sprach mein Mann von der Notwendigkeit für jeden Christen, alles das aus seiner Vergangenheit zu widerrufen, jede Handlung und jede Fantasie, die ihn in Kontakt mit dem Reich der Finsternis gebracht haben könnte. Auf einmal fiel Angela die Begebenheit aus ihrer Schulzeit wieder ein. Noch am selben Tag widerrief sie, was sie damals getan hatte und verschloß alle Türen zum Reich Satans, die durch diesen Vorfall in ihrem Leben geöffnet worden waren. Einige Monate später berichtete Angela mir, daß sie nun endlich wisse und fühle, daß Gott sie liebt.

Wenn jemand Gottes Liebe nicht fühlen und seine Führung nicht erkennen kann, auch dann nicht, wenn er seine seelischen Verletzungen Jesus gebracht hat, damit er sie heilt, dann ist das oft ein

Anzeichen dafür, daß im Bereich seiner geistlichen Wahrnehmungsfähigkeit Türen zum Reich Satans geschlossen werden müssen.

Anbetung

Der dritte Bereich unseres Geistes ist die Fähigkeit zur Anbetung. Jeder Mensch hat das Bedürfnis anzubeten. Wir brauchen etwas oder jemanden weit über uns, das wir verehren können. Um dieses Bedürfnis zu stillen, kommen wir manchmal auf die abwegigsten Ideen. So machten sich die Israeliten auf ihrer Wüstenwanderung ein goldenes Kalb, und dann fielen sie vor ihm nieder und beteten es an (2. Mose 32). Sie verehrten es als höher und mächtiger als sie selbst. So machten sie es zu ihrem Götzen. Dieser Götze befriedigte in ihnen jenes Bedürfnis, das Gott in jeden von uns Menschen hineingelegt hat, damit wir uns zu ihm hin ausstrecken können und er uns begegnen kann, das Bedürfnis, jemanden zu verehren und anzubeten.

Viele Menschen sind in diesem Bereich behindert. Sie können Gott nicht aus freiem Herzen anbeten. Ich selbst hatte lange Zeit dieses Problem. Als ich Kind war, wurde in meinem Elternhaus und in meiner Kirche sehr eindringlich vor jeglicher Form von Götzendienst gewarnt. Immer wieder hörte ich, daß ich streng darauf bedacht sein mußte, nur nichts und niemand anderes anzubeten und zu verehren als allein Gott. Nichts durfte in meinem Leben an seine Stelle treten. Das beeindruckte mich sehr tief. Ich wollte nicht so sein wie die Israeliten mit ihrem goldenen Kalb. Ich wollte mich vor keinem falschen Gott beugen.

Als ich viele Jahre später als Missionarin nach Kolumbien kam, lernte ich dort in den Gemeinden sehr viel freiere Formen der Anbetung kennen, als ich es gewöhnt war. Dort hob man zum Beispiel die Hände empor, wenn man Gott anbeten und preisen wollte. Es fiel mir unheimlich schwer, das auch zu tun. Schließlich wurde mir klar, daß ich Gott nicht wirklich frei anbeten konnte. Wenn ich versuchte, ihm zu sagen, daß ich ihn loben und mich vor ihm in Ehrfurcht niederbeugen wollte, fühlte ich mich so, wie sich nach meiner Vorstellung die Israeliten mit ihrem goldenen Kalb gefühlt haben mußten! Aber ich wollte doch, daß Gott genau diesen Raum in mir ausfüllte, den sie mit ihrem Götzen ausgefüllt hatten. Ich hatte so große Angst davor, ohne es zu wollen, doch irgendeinen Götzen zu verehren, daß ich nicht einmal Gott wirklich anbeten konnte.

Ich mußte mich schließlich dazu durchringen, Gott anzubeten, ohne dabei auf meine Gefühle zu achten. „Herr", sagte ich ihm, „ich bete dich an. Ich setze dich über alles andere in meinem Leben. Du bist mein Gott. Dir huldige ich. Dich bete ich an." Auf diese Weise wurde ich los, was mich daran gehindert hatte, Gott anzubeten.

Es gibt Christen, die trotz aller Bemühungen Gott nicht frei anbeten und verehren können. Manche spüren, wie Ärger in ihnen hochsteigt, wenn sie Gott anbeten wollen. Andere hören dann in ihrem Inneren irgendwelche Verwünschungen. Eine junge Frau, die mich einmal um Hilfe bat, konnte es nicht ertragen, wenn im Gottesdienst in ihrer Gemeinde Gott angebetet wurde. Sie lief dann immer nach draußen. Wir mußten in ihrem Leben offene Türen zum Reich der Finsternis schließen, bevor sie an der Anbetung teilhaben oder es auch nur ertragen konnte, wenn andere in ihrer Gegenwart Gott lobten. Wenn jemand Gott nicht anbeten kann, auch dann noch nicht, wenn er seine seelischen Wunden zu Jesus gebracht hat, kann das ein Zeichen dafür sein, daß bei ihm Türen zum Reich Satans geschlossen werden müssen. In jedem Bereich des menschlichen Geistes kann es solche Schwachpunkte und offenen Türen geben, die Heilung und Wachstum im Glaubensleben erschweren.

Dasselbe gilt für den seelischen Bereich. Darauf wollen wir im nächsten Kapitel eingehen.

Kapitel 4: Offene Türen im seelischen Bereich

Im zweiten Bereich des menschlichen Wesens, der Seele, gibt es ebenfalls eine Reihe von Teilbereichen: das Bewußtsein, das Unterbewußtsein, das Unbewußtsein, den Willen, den Verstand und die Gefühle. Auch hier können offene Türen zum Reich der Finsternis bestehen. Wir wollen jedes einzelne Gebiet gesondert anschauen. Wenn wir sie zu unserem Dreieck hinzufügen, sieht das so aus:

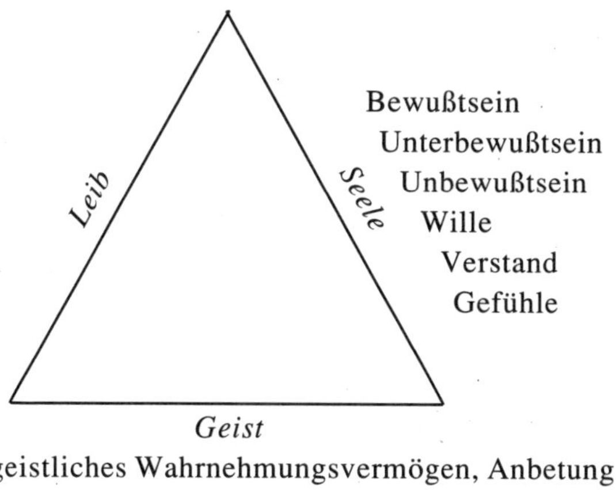

Das Bewußtsein

Alles, was wir erleben, wird durch unser Bewußtsein aufgenommen. Hier wird alles festgehalten, was wir erleben, was wir dabei fühlen und wie wir es deuten. Manche Menschen empfinden ihr Leben als dunkel und bedrückend und nicht lebenswert. Sie sehen sich selbst als Versager, an denen das Leben vorbeigeht. Sie meinen, daß ihnen nie etwas Gutes oder Schönes widerfahren wird.

Andere nehmen ihr Leben sehr leicht. Sie versuchen, möglichst viel aus ihrem Leben herauszuholen und nehmen sich, was sie wollen, auch wenn andere darunter leiden müssen. Das Lebensgefühl der meisten Menschen liegt irgendwo zwischen diesen beiden Extremen. All das wird von unserem Bewußtsein festgehalten, das dann wiederum das Lebensgefühl des einzelnen beeinflußt. Deshalb ist man auch je länger desto fester davon überzeugt, daß die eigenen Ansichten über das Leben richtig sind.

Das Unterbewußtsein

Jedes Erlebnis, das vom Bewußtsein registriert wird, beginnt recht bald aus unserem Gedächtnis zu schwinden. Es macht in unserem Bewußtsein Raum für neue Erlebnisse. Im Laufe der Zeit versinken alle Erfahrungen im Unterbewußtsein. Die Erinnerung an alles Schöne und auch alles Schwere, das wir erlebt haben, und auch an alles, was wir dabei empfunden haben, gelangt in dieses Sammelbecken.

All unser unterdrückter Ärger und all unser Schmerz und auch unsere Freude wird hier aufbewahrt. Einige Erinnerungen lassen sich leichter oder für einen längeren Zeitraum zurückrufen als andere. An besonders schmerzhafte Erfahrungen können wir uns entweder sehr bald nicht mehr erinnern, oder wir bleiben als anderes Extrem ständig daran hängen. Dann können wir diese Erlebnisse überhaupt nicht vergessen.

Das Unbewußtsein

Wenn unsere Erlebnisse und Erfahrungen weiter zurückliegen, versinkt vieles davon im Unbewußten. Die Erinnerung daran kann dann nicht mehr zurückgerufen werden. Erlebnisse, die so schmerzhaft sind, daß man die Erinnerung daran nicht ertragen könnte, werden sofort ins Unbewußtsein verdrängt. Wir meinen, daß sie erledigt sind, vergessen und tot. Aber das stimmt nicht. Wir können uns an diese Erlebnisse zwar nicht mehr erinnern, aber sie sind immer noch in uns lebendig. Aus der Tiefe unseres Unbewußten heraus beeinflussen sie unser Verhalten, so daß wir uns selbst oft nicht mehr verstehen.

Aus unserem Unbewußtsein steigen aber auch Triebe, Bedürfnisse und Wünsche empor, die normal und gut und von Gott gegeben sind. Doch weil wir Menschen nicht mehr so im Einklang mit Gott leben, wie er das gewollt hat, äußern sie sich oft übertrieben, verzerrt und verkehrt. Es kann einen schaudern lassen, wenn man bisweilen einen kleinen Einblick in das bekommt, was wir Menschen in unserer Verlorenheit werden und tun können, wozu wir in unserer Trennung von Gott fähig sind und wie abgrundtief wir gefallen sind.

In jedem dieser Bereiche der Seele, Bewußtsein, Unterbewußtsein und Unbewußtsein, kann es offene Türen zum Reich der Finsternis geben. Dann können wir trotz aller Anstrengung und Mühe unsere Verhaltensmuster nicht wirklich ändern. Wir werden immer nur zwei Schritte vorwärts und einen wieder zurück gehen können oder gar nur einen Schritt vorwärts und zwei zurück. Es wird kaum einen dauerhaften Fortschritt geben. Wenn jemand sein Leben Jesus gegeben und ihm alle inneren Wunden gebracht hat, damit er sie heilt, und dann trotz aller guter Vorsätze und aller Mühe, sich zu ändern, nicht vorankommt, dann gibt es bei ihm möglicherweise offene Türen zum Herrschaftsbereich des Bösen, die geschlossen werden müssen.

Der Wille

Auch der Wille ist ein Teilbereich der Seele. Unser Wille gibt uns Ziel und Richtung für unser Leben. Ohne unseren Willen wären wir wie Strohhalme, die vom Wind weggeweht werden. Manche Eltern meinen, daß der Wille eines Kindes gebrochen werden muß, damit es lernt, zu gehorchen. Aber ein Kind mit gebrochenem Willen ist ein gebrochenes Kind. Es ist dann entweder unfähig, klare Entscheidungen zu treffen, oder es wird sich selbst gegenüber äußerst streng. Der Wille eines Kindes muß nicht gebrochen, sondern durch vorbildhaftes Leben und verständnisvolle Belehrung zum Gehorsam geleitet werden. So kann man ein Kind lehren, fest und beständig, aber dabei anpassungsfähig und verständnisvoll zu werden.

Manche Menschen haben einen sehr schwachen Willen. Sie mögen sich in einem guten Moment zu etwas entschließen, aber sobald dieser Moment vorüber ist, verfallen sie wieder in ihre alten Verhaltensweisen. Solche Menschen können sich unter Tränen immer wieder von neuem vornehmen, sich zu ändern – ohne den geringsten Erfolg. Manche Menschen sind so gebunden, daß sie nicht einmal den Wunsch, sich zu einer Änderung aufzuraffen, entwickeln können. Dann muß im Namen Jesu der Feind gebunden und danach der Wille dieses Menschen befreit werden. Erst dann wird er die Freiheit haben, den Wunsch aufkommen zu lassen zu dem Entschluß, sich zu ändern. Wir können das, weil Jesus uns dazu bevollmächtigt hat, als er sagte, daß alles, was wir auf Erden binden, auch im Himmel gebunden ist, und alles, was wir lösen, auch im Himmel gelöst ist (Matthäus 16,19).

Bei anderen Menschen kann der Wille sehr streng und rigide sein. Julios Vater hatte sich vorgenommen, ihm sechzig Schläge zu geben, und nichts konnte diesen Vorsatz ändern. Immer wieder höre ich, wie Eltern sagen: „Wenn ich sage, daß es so ist, dann ist es so!“ Oder: „Du machst das, weil ich es so gesagt habe. Ich bin schließlich deine Mutter!“ Da gibt es keine Möglichkeit mehr, sich miteinander zu verständigen. Die Kinder mögen dann zwar gehorchen, aber sie haben die Leitgedanken nicht erfahren, die hinter den Verhaltensregeln stehen. Sie lernen nur eines: Daß Mütter und Väter tun können, was sie wollen. Solche Kinder können es meist kaum erwarten, erwachsen zu werden, damit sie dann ebenfalls tun können, was sie wollen.

Manche Beamte und sogar auch manche Pastoren und Missionare vertreten den Standpunkt: „Ein Grundsatz ist ein Grundsatz, und dem muß man sich fügen.“ In solchen Menschen spürt man ein hartes, unbewegliches Herz, das sich nicht ändern will. So jemand mag immer wieder seine eigene Härte bereuen und wird sich doch stets wieder genauso verhalten. Das kann ein Anzeichen dafür sein, daß bei ihm offene Türen geschlossen werden müssen.

Der Verstand

Ein weiterer Bereich der Seele ist der Verstand. Der Verstand kann in noch drei weitere, sehr wichtige Gebiete unterteilt werden, in die unserer Erwartungen oder Vorstellungen, unserer Gedanken und unserer Sprache. Jeder dieser Bereiche soll gesondert betrachtet werden.

Erwartungen. Unsere Erwartungen, Hoffnungen und Vorstellungen zeigen, wie wir unser Leben planen und bestehen. Manche Menschen erwarten, daß bei ihnen immer alles schiefgeht; sie scheinen Unglück und Schwierigkeiten fast einzuladen. Machen sie wider Erwarten positive Erfahrungen, erinnern sie sich nur an ein paar Kleinigkeiten, die dabei doch unerfreulich waren, und vergessen alles andere. Wenn sie über ein schönes Erlebnis sprechen, dann sagen sie: „Ja, das war gut, aber …"

Als ich Kind war, gewann der Besitzer des Kaufhauses in unserer Stadt einige Male Auslandsreisen als Prämien dafür, daß er der erfolgreichste Kaufmann in seiner Warenhauskette war. Er konnte so mit seiner Frau zusammen in viele verschiedene Länder der Welt reisen. Das fand ich ungeheuer aufregend. Ich konnte es immer kaum erwarten, daß sie zurückkehrten und dann von all den wunderbaren Dingen erzählten, die sie erlebt und gesehen hatten. Unverständlicherweise schienen sie ihre Reisen nie richtig zu genießen. Sie kamen mit Bergen von schönen Fotos zurück, aber sie freuten sich nie. Auf einer Reise waren die Hotels schmutzig gewesen. Das nächste Mal hatte es geregnet. Ein anderes Mal war alles zu primitiv gewesen: Wie konnte ihre Warenhausgesellschaft sie dort nur hinschicken? Nichts schien sie zufriedenstellen zu können.

Andere Menschen gehen immer von der Erwartung aus, daß niemand sie mag. „Ich spreche diese Leute lieber erst gar nicht an", denken sie, „die können mich sowieso nicht leiden." Ganz sicher finden sie dann auch jemanden, der zeigt, daß er sie nicht mag. Wer nur Schlechtes erwartet, kann alles, was er sieht, hört oder erlebt, nur als schlecht empfinden.

So war es auch bei Gladys. Als sie zum ersten Mal zu mir in die

Beratung kam, begrüßte ich sie an der Tür und lud sie ein, Platz zu nehmen. Sie hatte sich gerade eben erst hingesetzt, da schaute sie mich an und sagte: „Arline, ich merke, daß du mich nicht magst." Sie wußte das schon, bevor ich überhaupt etwas gesagt hatte. Sie erwartete, daß ich sie nicht leiden konnte. Schon bevor sie zu mir gekommen war, hatte sie das erwartet. Ihr erster Blick auf mich bestätigte sie dann in dieser Erwartung. Sie war tatsächlich überzeugt, daß jeder sie ablehnte.

Manche erwarten ständig, daß etwas schiefgeht. Wenn dann tatsächlich etwas nicht klappt, haben sie das immer schon von vornherein gewußt. Wenn aber etwas gutgeht, registrieren sie das gar nicht.

Andere Menschen kennen keinerlei Vorsicht. Sie sind überzeugt, daß sich in ihrem Leben so oder so alles zum Guten wenden wird. Sie treffen niemals irgendwelche Vorsorge und haben auch keine klaren Pläne. Wenn einer von ihren Freunden oder Verwandten, die schon lange unter dieser Oberflächlichkeit gelitten haben, ihnen wieder einmal aus der Patsche hilft, dann haben sie es ja gleich gewußt: „Es wird schon alles gutgehen."

Wir brauchen Gottes Hilfe, damit wir in diesen Dingen im Gleichgewicht bleiben. Wenn bei jemandem in diesem Bereich auch dann keine Änderung eintritt, wenn er seine seelischen Wunden Jesus gebracht hat, kann das ein Anzeichen dafür sein, daß bei ihm Türen zum Reich der Finsternis offenstehen.

Gedanken. Im Bereich unserer Gedanken spielt sich oft der heftigste Kampf ab, wenn es um unsere innere Heilung geht.

Paulus schreibt über unseren inneren Kampf an die Gemeinde in Korinth: „Obwohl wir im Fleisch leben, kämpfen wir doch nicht auf fleischliche Weise. Denn die Waffen unseres Kampfes sind nicht fleischlich, sondern mächtig im Dienste Gottes, Festungen zu zerstören. Wir zerstören damit Gedanken und alles Hohe, das sich erhebt gegen die Erkenntnis Gottes, und nehmen gefangen alles Denken in den Gehorsam gegen Christus" (2. Korinther 10,3-5).

Wir sollen unsere Gedanken also nicht frei in jede Richtung schweifen lassen, in die sie wollen, sondern sollen sie festhalten, damit sie Christus untertan werden. Wir denken fortwährend.

Dabei werden wir es oft nicht einmal richtig gewahr, an was wir gerade denken. Wir denken über uns selbst nach, über andere und über Gott. Wir unterhalten uns in Gedanken mit anderen Leuten. Das kann gut sein, wenn es aufbauende Gespräche sind. Negative Diskussionen jedoch können destruktiv wirken. Aber Gott möchte, daß wir unsere Gedanken mit positiven Inhalten füllen. In Philipper 4,8 steht: „Im übrigen, liebe Brüder, allem, was wahr, was ehrbar, was gerecht, was rein, was liebenswert, was wohllautend ist, wenn es irgendeine Tugend und wenn es irgendein Lob gibt, dem denket nach!" (Zürcher Übersetzung) Hier wird aufgeführt, worüber wir nach Gottes Willen nachdenken sollen. Die Gedanken, die nicht dem entsprechen, was Paulus hier geschrieben hat, gehören unter den oben angeführten Bibelvers 2. Korinther 10,5. Sie müssen gefangengenommen und unter den Gehorsam gegenüber Christus gebracht werden. Das heißt nicht, das wir negative Begebenheiten und Situationen ignorieren sollen. Es bedeutet, daß wir sie verarbeiten sollen, indem wir sie Christus geben, damit er sie trägt. Und dann sollen wir uns des Guten in dieser Situation bewußt werden und uns gedanklich damit beschäftigen. Das bringt uns echte geistige Gesundheit, und das ist es, was Gott für uns will.

Der Bereich des Denkens läßt sich mit am schwersten unter Kontrolle bringen. Sehr oft gibt es in diesem Bereich offene Türen, durch die unsere Gedanken von der Finsternis beeinflußt und vergiftet werden.

Sprache. Was wir sprechen, kommt aus unseren Gedanken. Die meisten Menschen reden daher, ohne bewußt darüber nachzudenken, was ihre Worte eigentlich bedeuten. Wenn uns dann jemand genauso anspricht, wie wir selbst das anderen gegenüber tun, sind wir oft entrüstet. Wie wir selbst bestimmte Dinge gern gesagt bekämen, mit denen wir andere konfrontieren, darüber denken wir kaum einmal nach. In Jakobus 3,6.8 lesen wir: „Die Zunge ist ein Feuer, eine Welt voll Ungerechtigkeit. So ist die Zunge unter unseren Gliedern: sie befleckt den ganzen Leib und zündet die ganze Welt an und ist selbst von der Hölle entzündet. Aber die Zunge kann kein Mensch zähmen, das unruhige Übel, voll tödlichen Giftes."

Man kann sich so sehr daran gewöhnt haben, mit Kraftausdrücken und schmutzigen Witzen um sich zu werfen, daß man sich das nur mit größter Mühe wieder abgewöhnen kann. Auch die Angewohnheit zu klatschen kann so tief in einem verwurzelt sein, daß man es kaum noch merkt. Sogar „nur die Wahrheit zu sagen" kann man dazu brauchen, um andere zu verletzen und sich über sie zu stellen.

Eine ältere Frau, die mit dem, was sie über andere herumerzählte, viele Leute verletzte, sagte zu mir: „Gewiß, ich erzähle eine Menge. Aber ich passe immer auf, daß ich nichts als die Wahrheit sage." Die Bibel sagt dagegen, daß wir die Wahrheit in Liebe sagen sollen. Die Wahrheit im verkehrten Ton oder mit falscher Absicht zu sagen, kann sie in Lüge verkehren und kann dazu gebraucht werden, jemanden zu vernichten.

Wenn alle Einsicht und alle Bemühungen schlechte Gewohnheiten in diesem Bereich nicht durchbrechen können, dann gibt es dort möglicherweise offene Türen zum Reich der Finsternis.

Gefühle

Als letzter Bereich unserer Seele sind nun noch unsere Gefühle zu nennen. Sie umfassen die ganze Weite zwischen tiefer Sorge und großer Freude, zwischen überwältigender Liebe und finsterem Haß oder glühender Eifersucht. Die folgenden Beispiele zeigen jedoch, daß manche Menschen nicht die ganze Bandbreite ihrer Gefühle empfinden können.

Wanda, von der ich im vorigen Kapitel erzählt habe, konnte ihre negativen Gefühle nicht wahrnehmen. Als ich sie zum ersten Mal fragte, wohin ihre negativen Gefühle denn verschwunden waren, seit sie sich nicht mehr erlaubt hatte, sie wahrzunehmen, konnte sie mir keine Antwort geben. Als der Herr ihr dann immer mehr von ihrem Innersten zeigte, entdeckte sie einen Bereich, den sie als einen „großen Garten" bezeichnete. „Ich habe alle meinen negativen Gefühle aus dem Fenster hinaus in meinen Garten geworfen", sagte sie. „Nun ist dort alles durcheinandergewachsen und verwildert. Ich wußte gar nicht, daß es in mir diesen Platz gab."

Michael

Michael war als Kind von seiner Mutter körperlich und seelisch mißhandelt worden. Sein Leben war ein einziger Alptraum von Schlägen und verletzenden Worten gewesen. Eines Tages drehte seine Mutter das Gas an, steckte ihren Kopf in den Backofen und sagte dem verängstigten achtjährigen Jungen, daß sie sich nun umbringen werde und daß alles seine Schuld sei. Als Michael zu mir in die Beratung kam, war er schon vierzehnmal in psychiatrischen Kliniken gewesen. Nun hatte er Jesus als seinen Heiland angenommen, aber er konnte keinen Frieden finden.

Während der ersten vier Sitzungen bei mir konnte Michael nichts anderes tun, als nur dazusitzen und die ganze Stunde lang zu weinen. Da lud ich ihn ein, beim nächsten Mal mit mir und noch drei anderen Christen zusammen eine besondere Gebetszeit zu haben. Gemeinsam forderten wir dann im Gebet sein Recht auf Befreiung von seinen Bindungen ein. Am nächsten Tag rief Michael an und erzählte mir, daß er erfüllt war mit unvorstellbarer Freude. Das war so überwältigend für ihn, daß er gar nicht wußte, wie er damit umgehen sollte.

Sechs Monate lang fühlte Michael sich, als ob er auf Wolken schwebe. Er war förmlich berauscht von Freude. Danach kam er langsam wieder auf diese Erde herunter und erlebte die normale Spanne der Gefühle zwischen Freude und Kummer. Bis zu jener Woge von Freude waren alle seine Gefühle negativ gewesen, und so konnte er diese Schwankungen, die er nun erlebte, nicht verstehen.

Langsam fing Michael an, Freude und Glück zurückzuweisen. Er wurde mißtrauisch allem Guten gegenüber, weil es ja mit Sicherheit irgendwann damit zu Ende ging, und dann doch wieder Kummer folgen würde. Michael war wirklich von Gott angerührt worden. Doch nun mußten bei ihm noch Türen zum Reich der Finsternis verschlossen werden, damit er lernen konnte, mit dem ganzen Spektrum seiner Gefühle zu leben.

Edwin

Manchmal geschieht es, daß jemand in einem Augenblick des Schmerzes und der Qual unbewußt den Vorsatz faßt, nie wieder irgendwelche Gefühle zuzulassen. Er macht das zum Beispiel, um dem Schmerz einer weiteren Zurückweisung zu entgehen.

Edwin war verzweifelt. Er hatte gerade die Beziehung zu einem Mädchen abgebrochen, das ihn wirklich liebte. „Ich weiß, daß sie mich liebt. Aber ich konnte sie einfach nicht lieben, und ich konnte ihre Liebe auch nicht fühlen. Das ist mir nun schon zum dritten Mal passiert. Ich wollte sie so gerne lieben. Ich fühle mich so einsam. Ich wünsche mir ihre Liebe. Warum kann ich nichts fühlen?"

Als Edwin noch ein Kind gewesen war, hatte sein Vater als Hausmeister die Verantwortung für den ganzen Häuserblock, in dem sie wohnten. Er wollte, daß seine Kinder für die Nachbarn ein Vorbild an gutem Betragen waren. Jedes geringste Fehlverhalten brachte seinen Vater in Zorn, und dann gab es strenge Strafen. Edwin haßte seinen Vater, aber seine Mutter liebte er.

Von seinem elften Lebensjahr an hatte Edwin sich unglaublich einsam gefühlt. Er wies alle Liebe zurück. Als er vierzehn Jahre alt war, kam ihm ein evangelistisches Buch in die Hände. Er las es allein auf seinem Zimmer und nahm Jesus als seinen Heiland an. Er war begeistert von dieser neuen Beziehung und erzählte seiner Mutter von seinem neuen Freund Jesus. Sie hatte selbst nie solch eine Beziehung zum Herrn gekannt, und deshalb sagte sie zu Edwin, er benutze seinen Glauben nur als Krücke, um mit seinen Problemen fertig zu werden. Edwin fühlte sich zutiefst gekränkt und versank langsam wieder in seiner alten Einsamkeit. Nun haßte er seine Mutter, weil sie ihn von seinem neuen Freund abgebracht hatte.

Eine unglaubliche Wut ergriff mehr und mehr Besitz von ihm. Edwin fing an, Drogen zu nehmen und glitt so ab in eine neue, dunkle Welt, von deren Existenz er nie gewußt hatte. Zwei Jahre, bevor er zu mir in die Beratung kam, hatte er mit den Drogen Schluß gemacht und sich von neuem Gott zugewendet. Doch die entsetzliche Wut in ihm nahm nicht ab. Alles was er tun konnte, war, sich durch eine Mauer dagegen abzuschotten. Manchmal fühlte er sich, als ob er von etwas Bösem besessen sei.

Einige bevollmächtigte Christen aus seiner Gemeinde beteten für ihn um Befreiung, und sie trieben viele Dämonen aus ihm aus. Doch noch immer brodelte in ihm die Wut, und noch immer konnte er keine Liebe fühlen.

„Edwin, hast du vielleicht einmal einen Schwur abgelegt, daß du nie wieder Liebe fühlen wolltest?“ fragte ich ihn.

„Einen Schwur?“ fragte er. „Nein, ich habe nie irgendeinen Schwur abgelegt.“

„Ich meine, hast du irgendwann einmal dir selbst gesagt, daß du nie wieder jemanden lieben und auch keine Liebe mehr annehmen würdest?“

„Ach das“, sagte er. „Ja, als ich elf Jahre alt war, habe ich mir vorgenommen, nie wieder zuzulassen, daß jemand mich liebt, und auch selbst nie wieder jemanden zu lieben oder jemandem zu vertrauen.“

„Hast du je diesen Vorsatz widerrufen?“

„Nein“, antwortete er, „ich wußte nicht, daß das notwendig ist.“

Zusammen widerriefen wir Edwins Vorsatz. Ich löste in ihm die Fähigkeit, Liebe und Vertrauen zu geben und zu empfangen, so wie Jesus es getan hatte, als er auf dieser Erde lebte.

Als Edwin in der nächsten Woche wieder kam, konnte er immer noch keine Liebe fühlen. Aber er merkte, daß er andere Leute nicht mehr so barsch abwies, wie er es bisher getan hatte. Er war zugänglicher für andere und hörte ihnen besser zu. An diesem Tag schrieben wir alles auf, womit er bisher sein Leben gefüllt hatte: mit Büchern über Zauberei, mit Horrorfilmen und Kampfsport und dem Sammeln von Naziandenken. Er widerrief das alles im Namen Jesu, und dann verschlossen wir die Türen zum Reich der Finsternis, die in ihm geöffnet worden waren. Danach bekam Edwin langsam wieder Kontakt mit seinen Gefühlen.

Vielen Christen ist beigebracht worden, daß sie Gefühle wie Ärger, Angst und Kummer überhaupt nicht haben sollten oder unterdrücken müssen. Manche Leute glauben, daß wir als Christen immer fröhlich und glücklich sein müssen. Andernfalls gebe es irgendeine verborgene Sünde in unserem Leben. Andere vertreten die Auffassung, daß wer an Jesus glaubt, alle Gefühle ignorieren sollte, weil es allein auf den Glauben ankomme und nicht auf die Gefühle.

Beide Ansichten enthalten ein Stück Wahrheit. Es stimmt, daß wir durch den Glauben an Jesus errettet werden und nicht aufgrund schöner Gefühle. Trotzdem stimmt irgend etwas nicht, wenn es in unserem Leben keine Freude gibt. Und auch, wenn wir niemals Kummer verspüren, ist etwas nicht in Ordnung.

Jesus fühlte das ganze Spektrum seiner Emotionen. Er war ein Mann des Leides und vertraut mit Schmerzen (Jesaja 53,3). Er lernte Gehorsam durch das, was er litt. Er hat mit lautem Schreien und mit Tränen zu Gott gebetet (Hebräer 5,7.8). Aber er war zu anderen Stunden auch mit Freude erfüllt (Lukas 10,21). Er war von Mitleid bewegt, als er sah, wie die Menschenmassen zu ihm kamen (Matthäus 14,14), und er schämte sich nicht, mit Maria und Martha, die ihren Bruder verloren hatten, zu weinen (Johannes 11,35). Jesus genoß die Schönheit der Erde, und er gebrauchte oft Beispiele aus der Natur, um seinen Jüngern und den Menschen, die zu ihm kamen, etwas zu erklären (Matthäus 6,28.29). Er liebte den reichen jungen Mann, der ihn nach dem Reich Gottes fragte (Markus 10,21). Er war ungehalten, als seine Jünger die Kinder von ihm wegschicken wollten (Markus 10,14). Er war zornig und bekümmert über die Härte der Pharisäer (Markus 3,5). Und ihm war bange, als er an die Leiden dachte, die auf ihn zukamen (Lukas 12,50). Jesus kannte die ganze Bandbreite menschlicher Gefühle.

Wenn jemand, auch wenn er seine schmerzhaften Erinnerungen zu Jesus gebracht hat, bestimmte Emotionen nicht fühlen kann, dann kann die Ursache dafür offene Türen zum Reich der Finsternis sein, die geschlossen werden müssen.

Genauso wie in unserem geistlichen Bereich und in unserer Seele können auch im Bereich des Körpers Türen zum Herrschaftsbereich Satans geöffnet worden sein. Damit wollen wir uns im nächsten Kapitel beschäftigen.

Kapitel 5:
Offene Türen im leiblichen Bereich

Der Leib ist der dritte unserer Lebensbereiche, in dem es Schwachpunkte oder offene Türen zum Reich der Finsternis geben kann. Zum Leib gehören das Gehirn, der übrige Körper und die Sexualität. Wenn man das zu dem Dreieck hinzufügt, mit dem wir das menschliche Dasein dargestellt haben, sieht das so aus:

Das Gehirn

Alles, was wir erleben, wird im Gehirn gespeichert. Wenn wir denken oder handeln, gehen elektrische Impulse zwischen den Gehirnzellen hin und her und bilden so bestimmte Bahnen. Je öfter eine bestimmte Erfahrung oder Handlung wiederholt wird, desto stärker werden die Bahnen verfestigt. Auf diese Weise lernen wir.

Jede unserer Erfahrungen ist mit bestimmten Gefühlen gekoppelt. Diese Gefühle werden vom Gehirn zusammen mit den dazugehörigen Erfahrungen aufgezeichnet. Sogar unsere Reaktionen auf diese Gefühle und Erfahrungen werden gespeichert. All das bildet und verfestigt die Bahnen zwischen den Zellen und damit die Zusammenhänge zwischen bestimmten Erfahrungen, Gefühlen und Reaktionen.

Drogen wirken ebenfalls auf die Gehirnzellen. Einige Drogen, wie zum Beispiel Alkohol, wirken so stark, daß sie Gehirnzellen zerstören. Dann müssen andere Zellen ihre Funktionen erlernen und übernehmen. Wenn so viele Zellen zerstört worden sind, daß dies nicht mehr möglich ist, entstehen bleibende Schäden.

Weil alles, was wir erleben, in unserem Gehirn gespeichert wird, geschieht das auch mit den Erfahrungen, die in unserem Geist und unserer Seele Türen zum Reich der Finsternis öffnen. Unser Denken kann direkt im Gehirn in falsche Bahnen geraten und so verzerrt werden. Um dann das Denken zu ändern, müssen im Gehirn neue Bahnen gebildet werden. Es gehört viel Disziplin dazu, die Gedanken davon abzuhalten, in den vertrauten Bahnen zu laufen und statt dessen neue Bahnen zu bilden. Wenn wir konsequent daran festhalten, gute Gedanken zu denken, dann bilden sich mit der Zeit neue Denkmuster. Schließlich werden sie uns so vertraut, wie es die alten waren. Wenn jedoch alle unsere Anstrengungen in dieser Richtung nichts fruchten, kann es sein, daß im Gehirn offene Türen zum Reich der Finsternis geschlossen werden müssen.

Der übrige Körper

Die Einstiegspunkte in unseren Körper sind unsere fünf Sinne. Alles, was wir hören, sehen, riechen, schmecken oder fühlen, weckt in uns bestimmte Erinnerungen. All dies ist im Gehirn gespeichert, aber wir empfinden es mit unserem Körper. So kann zum Beispiel das Verlangen nach Alkohol oder Drogen so stark werden, daß man ihm trotz größter Anstrengungen nicht widerstehen kann. Die Erregung und der Nervenkitzel beim Glücksspiel können jemanden so in der Gewalt haben, daß sie auch den Reichsten zugrunde richten können. Bei Josef, einem meiner Patienten, war es die Musik, die ihn beherrschte.

Josef

Josef war Musiker. Er wollte seine Begabung dazu gebrauchen, Gott zu verherrlichen. Bevor er Christ geworden war, hatte er als Bandleader einer beliebten Rockband Aussichten auf eine große Karriere gehabt. Seit er mit sechs Jahren die Beatles zu seinen Idolen erkoren hatte, war Erfolg sein höchstes Ziel gewesen. Und er hatte mit seiner Band auch Erfolg gehabt. Er war oft förmlich berauscht gewesen von der eigenen Popularität und von der Bewunderung der Massen. Obwohl er christlich erzogen worden war, glitt er langsam ab in Drogenkonsum und freizügige Sexualsitten, die zur Musikszene dazugehörten.

Eines Tages wurde Josef erneut mit dem Evangelium konfrontiert und übergab Jesus sein Leben. Sein Verlangen nach Alkohol, Drogen und Nikotin verschwand. Er beschloß, seine Musikalität nur noch für den Herrn einzusetzen. Doch dabei fehlte ihm die Berauschung durch die applaudierenden Massen. Anbetungs- und Lobpreisgottesdienste in seiner Kirche zu leiten, war für ihn bei weitem nicht so erregend, denn nichts von dem Lob war an ihn adressiert. Er wurde ein bißchen eifersüchtig auf Gott wegen all der Beachtung, die ihm galt. Die christlichen Rockbands, in denen er mitspielte, brachten ihm nicht die Popularität, nach der er hungerte.

Josef fing an, sich nach etwas umzusehen, das ihm die Aufmerksamkeit der Jugendlichen einbrachte und trotzdem noch dazu dienen konnte, Gott zu verherrlichen. Weil Heavy Metal Musik gerade besonders beliebt war, wollte er auf diese Rhythmen neue Texte schreiben. Er kaufte sich entsprechende Anleitungsbücher und probte fleißig die neuen Rhythmen.

Bald nachdem er angefangen hatte, sich mit dem neuen Musikstil zu befassen, wurde Josef immer wieder von dem Gedanken geplagt, einen Pakt mit dem Teufel zu schließen, damit ihm Erfolg und Popularität sicher wären. Josef war entsetzt. Er wollte, daß sein Leben Gott ehrte. Er konnte gar nicht verstehen, woher diese Gedanken kamen. Nach und nach dämmerte ihm, daß immer dann, wenn er die neuen Rhythmen probte, diese Gedanken stärker und eindringlicher wurden.

Er kämpfte gegen diese Gedanken an, und er weihte jedesmal, wenn er probte, Gott seine Musik. Wenn ihm das keine Befreiung brachte, hörte er mit den Heavy Metal Rhythmen auf und kehrte zu der gewohnten Anbetungsmusik zurück. Aber nun drangen diese Gedanken jedesmal auf ihn ein, wenn er Gitarre spielte, auch wenn es Anbetungsmusik war. Er konnte einfach nichts mehr dagegen tun. Schließlich hörte er ganz auf, Gitarre zu spielen.

Doch nun quälten ihn diese Gedanken auch ohne Musik. Dazu kamen noch Haßgefühle auf seine Kirche und Mordgedanken. Josef versuchte, sie aus seinem Kopf zu verbannen, sobald sie nur aufkamen, indem er sie im Namen Jesu widerrief. Dann verschwanden sie für einen Augenblick, kamen aber kurz darauf mit aller Stärke zurück. Als ihm der Gedanke kam, seine Schwester umzubringen, die er wirklich gern hatte, ging er auf eigenen Wunsch in eine psychiatrische Klinik und wurde dort mit Medikamenten behandelt.

Josef hatte Jesus als seinen Heiland angenommen und war von seinen Süchten befreit worden. Aber er hatte nie die vielen Türen zum Herrschaftsbereich der Finsternis verschlossen, die durch seine Lebensweise geöffnet worden waren. Er hatte sich auch nicht von seinem Traum der Selbstverherrlichung losgesagt. Andere mit seiner Musik bei der Anbetung zu leiten, konnte seinen Durst danach, selbst gelobt und verehrt zu werden, nicht stillen. Die Heavy Metal Rhythmen und die okkulten Praktiken, die damit zusammenhingen, waren nur der letzte Schritt dazu gewesen, in ihm sämtliche Schleusen für die Kontrolle seines Verstandes durch Satan zu öffnen.

Nachdem Josef aus der Klinik entlassen worden war, kam er zu mir in die Beratung. Es war ein langer und harter Kampf für ihn, sich loszusagen von seinem Wunsch nach Selbstverherrlichung und all der Musik, die Gott nicht ehrte, angefangen von der Musik der Beatles, für die er sich als Junge begeistert hatte, bis hin zu den Heavy Metal Rhythmen. Erst als dieser Kampf abgeschlossen war, wurde Josef frei.

Josefs Geschichte zeigt, wie durch Sinneserfahrungen im physischen Leib Türen zum Reich der Finsternis geöffnet werden können. Es kann aber auch umgekehrt geschehen, daß wegen offener

Türen in anderen Bereichen der Körper selbst zum Objekt von Mißhandlungen wird. In Markus 5,5 wird von einem Mann erzählt, der von Dämonen besessen war, und der sich selbst mit Steinen schlug. Bei Clara, einer meiner Klientinnen, war es ähnlich.

Clara

Clara lebte viele Jahre unter einer verborgenen Qual. Ihre Arme waren mit Narben von Verbrennungen und Schnittwunden bedeckt. Drei Jahre, bevor sie zu mir in die Beratung kam, hatte sie Jesus als ihren Herrn angenommen, und sie hatte gehofft, daß nun ihr Alptraum enden werde. Doch obwohl sie den Herrn liebte und ihm dienen wollte, ließ der unbezwingbare Drang, ihren eigenen Körper zu verletzen, nicht nach.

Nach jedem derartigen Vorfall bat Clara Gott um Vergebung und versprach ihm, es nie wieder zu tun. Dann hatte sie ein paar Wochen Ruhe. Aber dann begann der innere Druck wieder zu steigen. Gedanken der Selbstablehnung und des Selbsthasses steigerten sich, bis sie schließlich nicht mehr widerstehen konnte. Sie schnappte sich einen Teelöffel, hielt ihn in die Gasflamme, bis er heiß war, und drückte ihn dann auf ihre Haut. Glühender Schmerz durchzuckte sie, aber die Befreiung von dem inneren Druck machte ihr den Schmerz fast willkommen.

Wenn ihr dann langsam bewußt wurde, was sie wieder getan hatte, war sie entsetzt und überwältigt von Scham und Reue. Innerlich zerbrochen bat sie Gott um Vergebung und versprach ihm von neuem, es nie wieder zu tun.

Als Clara mir davon erzählte, wie sie als Kind mißbraucht worden war, schlug ich ihr vor, Jesus in ihr Erinnerungsbild von diesem schlimmen Erlebnis mit hineinzunehmen.

„Sag ihm, was da passiert“, ermutigte ich sie. „Erzähle ihm, wie grauenvoll das alles für dich ist und wie schrecklich du dich fühlst. Und dann rolle alles, was in diesem Raum ist, zusammen. Und dann stampfe so lange auf dieser Rolle herum, bis daß alles zu einem kleinen Haufen wird. Sieh, wie Jesus einen großen Sack für dich aufhält. Wirf diesen ganzen Haufen, den du zusammengetrampelt hast, und worin alles ist, woran du dich in diesem Zusammenhang erinnerst, da hinein."

„Das geht nicht", sagte Clara.

„Warum geht es nicht?" fragte ich.

„Eine von deinen Studentinnen", wandte sich sich an mich, „hat schon versucht, mir dabei zu helfen, und es bleibt einfach nichts in diesem Sack. Jedes Mal, wenn ich in dieses Zimmer zurückschaue, ist alles wieder dort."

„Laß es uns noch einmal tun und dann schauen, was passiert", antwortete ich.

Wir baten Jesus, hineinzukommen in Claras Erinnerung daran, wie sie mißbraucht worden war. Sie nahm ihn in ihrer Vorstellung mit sich zur Tür dieses Raumes, rollte dann alles, was darin geschehen war, zusammen und warf es in jenen Sack. Wir baten Jesus, etwas Schönes in dieses Zimmer zu bringen, an das Clara sich erinnern konnte, wenn sie an das Ganze dachte.

„Schau nun in das Zimmer und beschreib mir, was Jesus da für dich hineingestellt hat", sagte ich zu Clara.

„Alles ist wieder so, wie es vorher war. Die ganze Szene ist zurückgekehrt", rief Clara aus.

„Gut", sagte ich. „Dann laß uns das, was diese Szene in dir festhält, binden und austreiben."

„Im Namen Jesu", betete ich und legt meine Hand dabei sacht auf ihren Kopf, „binde ich das, was diese Begebenheit nicht aus Claras Erinnerungsbild hinausgehen läßt. Ich binde ihren Drang zur Selbstzerstörung und alles, was damit zusammenhängt, im Namen Jesu. Ich treibe euch finstere Mächte hinaus in die äußerste Finsternis und schließe die Tür hinter euch. Ihr könnt niemals zurückkommen. Jesus, bitte übernimm du die Herrschaft über diesen Bereich in Claras Leben. Bedecke diese Tür mit deinem Blut und versiegle sie mit dem Abdruck deiner durchbohrten Hände."

„Herr Jesus", half ich Clara zu beten, „ich erkläre vor der sichtbaren und vor der unsichtbaren Welt, daß ich dir jeden Bereich meines Lebens übergebe, der von dieser schrecklichen Erfahrung betroffen war. Ich setze dich, Jesus, als König dieser Lebensbereiche ein. Komm herein und nimm deinen Thron ein. Zeige mir, was ich in diesem Bereich sagen, denken, fühlen, tun und sein soll.

Durch deine Gnade will ich es dann tun. Zeige mir auch, was ich nicht sagen und denken, fühlen, tun und sein soll, und durch deine Gnade will ich es dann nicht tun."

„Jesus", betete ich, „auf der Grundlage dieser Erklärung bitte ich dich, daß du bei Clara in diesen Lebensbereich hineinkommst, daß du wäschst und reinigst, was gereinigt werden muß, daß du heilst, was geheilt werden muß von dem Augenblick an, wo Clara gezeugt wurde bis zum heutigen Tag. Ich löse in ihr die Freiheit, sich selbst und ihren Körper zu lieben, die Freiheit, sich bewußt zu werden, daß die Vergangenheit wirklich vergangen ist. Und ich löse in ihr die Freiheit, zu der Persönlichkeit zu werden, die du im Sinn hattest, als du Clara schufst. Ich danke dir, Gott, für das, was du in Claras Leben tust."

„Oh", rief Clara aus, als wir gebetet hatten, „ich fühle mich auf einmal ganz anders!"

„Schau in dieses Zimmer zurück und sieh, was dort jetzt ist", sagte ich zu Clara. „Ist da immer noch dieselbe Szene?"

„Nein! Es ist alles verschwunden", rief Clara aus. „Jesus ist da mit mir zusammen."

„Bist du jetzt glücklich dort?"

„Ja. Und ich fühle mich ganz sicher. Jesus sorgt dort für mich."

Clara kam noch ein paar Mal zu mir, um auch die offenen Türen in anderen Bereichen zu schließen. Der innere Drang, sich selbst zu verletzen, kehrte nie wieder. Sie war wirklich frei geworden.

Die Sexualität

Der letzte Bereich unseres Körpers, über den wir sprechen wollen, ist der wichtige Bereich der Sexualität. Er umfaßt unsere Vorstellung von uns selbst als Mann oder Frau, unsere Beziehung zum anderen Geschlecht, unsere Rolle in der Gesellschaft, die Beziehung zu unserem Ehepartner und zu unseren Kindern.

Falsche Auffassungen über Sex, wie zum Beispiel die Ansicht, das einzige, was ein Mann von einer Frau wolle, sei ihr Körper, oder die Anschauung, Frauen seien lediglich Objekte, die erobert werden müssen, oder Frigidität und Promiskuität, können in einer

Familie von Generation zu Generation weitergegeben worden sein.

Auch sexueller Mißbrauch findet sich häufig in Familien von einer Generation zur anderen. Wie viele Mädchen sind von ihren Vätern, Brüdern, Stiefvätern, Großvätern, Onkeln, sogar von Pastoren und Kirchenältesten mißbraucht worden, also gerade von den Menschen, denen sie vertraut hatten. Und wieviele Jungen sind gerade von den Männern sexuell verführt worden, denen sie vertrauten! Wieviele Teenager haben gerade von ihren Eltern eine falsche Einstellung zur Sexualität gelernt.

Ich werde nie eine bestimmte Familie vergessen, die, kurz bevor ich sie kennenlernte, Jesus als ihren Heiland aufgenommen hatte. Weil sie nun Christen waren, lag den Eltern sehr daran, alles zum Besten ihrer Kinder zu tun. Eines Tages wandte sich die Mutter mit einem besonderen Anliegen an mich.

„Schwester Arline", sagte sie, „wir sind sehr besorgt um die moralische Entwicklung von unserm Fünfzehnjährigen. Wir wollen nicht, daß er sich mit Prostituierten einläßt und dann lauter schlechte Dinge lernt."

Natürlich war ich darin vollkommen einer Meinung mit ihr. Ich ermutigte sie darin und fragte, wie ich ihr helfen könne.

„Schwester", fuhr sie da fort, „Sie besuchen doch so viele Menschen in den ärmeren Wohnvierteln. Kennen Sie nicht irgendein nettes, christliches Mädchen, mit dem man etwas arrangieren könnte, damit unser Sohn mit ihr seine ersten sexuellen Versuche und Erfahrungen machen könnte? Dann käme er nicht in Versuchung, zu diesen schrecklichen Orten in unserer Stadt zu gehen."

Diese Familie brauchte wirklich einiges an Belehrung! Wieviele Kinder lernen durch ihre Eltern, falsche Wege zu gehen. Für manche wird das Leben durch das, was sie in ihrem Elternhaus erfahren haben, wie zu einem Tanz am Rand der Hölle. Bei Mercedes war das so.

Mercedes

Mercedes hatte eine sehr schwere Kindheit hinter sich. Im Alter von sieben Jahre war sie wiederholt von ihrem Bruder vergewaltigt worden. Später bekam sie drei Kinder von ihrem Onkel und zwei durch andere Vergewaltigungen. Ihre Eltern und alle ihre Geschwister lebten in einem Haus zusammen, jeder mit seiner Geliebten bzw. ihrem Liebhaber, die sie ständig wechselten. Viele von den Kindern wußten nicht, wer ihr Vater war. Nun war Mercedes Christin geworden. In mancher Beziehung änderte sich ihr Leben tiefgreifend. Doch auf sexuellem Gebiet rutschte sie immer wieder in ihre alten Verhaltensweisen zurück, obwohl sie dagegen ankämpfte.

„Schwester Arline“, schluchzte sie eines Tages, „Ich muß mit dir reden.“

„Was ist denn nicht in Ordnung?“ fragte ich sie freundlich. „Ist es wieder passiert?“

„Ja“, nickte sie mit niedergeschlagenen Augen und scharrte dabei vor Scham und Verlegenheit mit ihrem Schuh über den Boden. „Ich weiß nicht, was mit mir los ist. Ich will so einfach nicht mehr weiterleben.“

„Mercedes, was ist in dir vorgegangen, bevor es wieder passierte?“

Mercedes dachte einen Augenblick nach und sagte dann stockend: „Jedesmal so um die Monatsmitte steigert sich in mir der Drang, loszulaufen und den ersten besten Mann, den ich finden kann, nach Hause mitzuschleifen, um mit ihm zu schlafen. Dann verliere ich jede Kontrolle über mich.“

„Ist das so, als ob etwas in dir ist, das dich dazu zwingt?“

„Ja, ganz genau. Alle meine Vorsätze nützen dann nichts mehr. Wenn ich dann ein paar Tage später wieder zur Besinnung komme, habe ich es wieder getan.“

„Mercedes“, fragte ich sie, „hat schon einmal jemand mit dir darum gebetet, daß die offenen Türen zum Reich Satans geschlossen werden, die durch das Leben, das du hinter dir hast, in dir geöffnet worden sind?“

„Nein, darüber hat noch nie jemand mit mir gesprochen.“

Ich erklärte ihr, wie durch die Sünde Türen für die Mächte der Finsternis in uns geöffnet werden können. Dann banden wir im Namen Jesu in ihr den Hang zur Promiskuität und trieben ihn aus. Wir schlossen in ihr die Türen, die durch ihre eigenen Erfahrungen entstanden waren und auch durch das, was von früheren Generationen her auf sie gekommen war.

Einige Monate später fragte ich Mercedes, wie es ihr ergangen sei. „Weißt du was“, sagte sie strahlend, „ich habe nie wieder diesen Drang gehabt, loszurennen. Als wir gebetet haben, hat sich etwas aus mir davongemacht.“ Mercedes konnte nun so, wie sie es sich wünschte, ein verändertes Leben führen.

Die Bereiche der menschlichen Persönlichkeit, über die wir bisher nachgedacht haben, Geist, Seele und Leib, sind Bereiche, die in uns liegen. Aber wir Menschen leben nicht als Einzelwesen. Gott hat uns so geschaffen, daß wir das Zusammenleben mit anderen brauchen. Wenn wir nicht als Eremiten allein in den Bergen oder in der Wüste leben, stehen wir in Beziehung zu unserer Familie und zu Freunden, zu unserer Kirche oder zu anderen Gruppierungen. Jeder bringt seine eigengeprägte Persönlichkeit in dieses Zusammenleben ein. Auch in diesem Bereich kann es Schwachpunkte und offene Türen zum Reich der Finsternis geben, durch die Satan uns versuchen oder kontrollieren kann. Darum geht es im nächsten Kapitel.

Kapitel 6: Offene Türen im Bereich des sozialen Zusammenlebens

Der Bereich des Soziallebens umfaßt unsere Beziehungen zu anderen. Menschen sind soziale Persönlichkeiten. Gott hat uns so geschaffen, daß wir einander brauchen. Zu unserem Sozialleben gehören unsere Herkunftsfamilie, unsere persönliche Familie, Beziehungen in unserer Kirche, zu Freunden, an der Arbeitsstelle oder am Studienplatz, unsere finanzielle Situation und unsere nationale und rassische Identität. In jedem dieser Bereiche kann es Schwachpunkte oder offene Türen zum Reich der Finsternis geben. Wenn diese Bereiche zu dem Dreieck hinzugefügt werden, mit dem wir die menschliche Persönlichkeit dargestellt haben, wird das Bild vollständig.

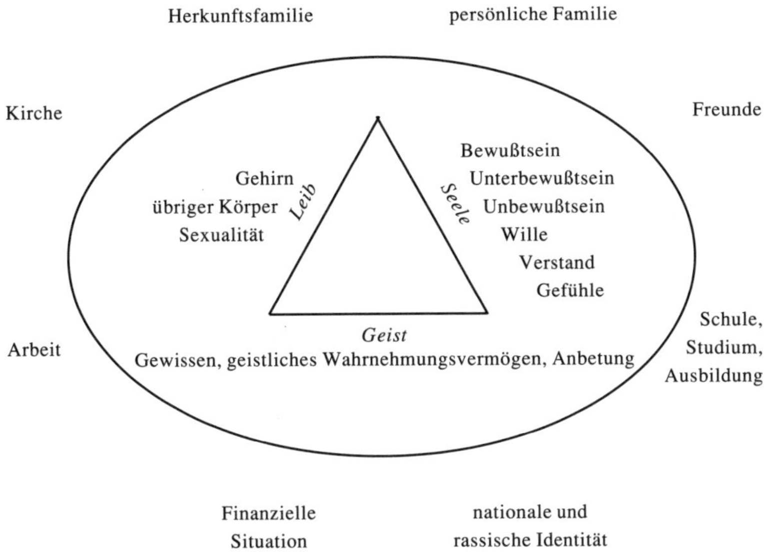

Jeder Mensch ist eine besondere, eigengeprägte Persönlichkeit mit bestimmten Stärken und Schwächen. Der Bereich zwischen den verschiedenen Persönlichkeiten macht den Bereich des Soziallebens aus. Es ist der Bereich, in dem sich zwei oder mehr Menschen begegnen und miteinander umgehen.

Wir wollen uns in diesem Kapitel mit den verschiedenen Bereichen unseres Soziallebens befassen und über Erfahrungen sprechen, durch die hier offene Türen entstehen können.

Herkunftsfamilie

Zur Herkunftsfamilie gehören Vater, Mutter und Geschwister, und, soweit sie mit in der Familie lebten und somit das Leben des Kindes ebenfalls direkt beeinflußten, auch Großeltern, Tanten oder Onkel.

Ein Kind wird als kleines, hilfloses Baby, das sich nicht selbst versorgen und schützen kann, in die Familie hineingeboren. Die Eltern müssen dem kleinen Wesen gute, erfreuliche Erfahrungen vermitteln und es vor Erlebnissen schützen, die seelische Verletzungen verursachen können. Allerdings gibt es keine perfekten, idealen Eltern. Weil wir alle zur gefallenen, menschlichen Rasse gehören, kann keiner von uns alles gut und richtig machen. Ja, selbst unsere Vorstellungen von dem, was gut und richtig ist, sind unvollkommen.

Zudem tragen auch alle Eltern die Freuden und Narben ihrer eigenen Erfahrungen mit sich, und das beeinflußt ihre Beziehung zu ihren Kindern. Jedes Kind erleidet seelische Verletzungen. Wenn die Eltern sensibel für diese Verletzungen ihres Kindes sind, wenn sie ihr Kind und das, was es fühlt, ernst nehmen und es ermutigen, über seine Gefühle und Erlebnisse zu sprechen, können diese Wunden heilen. Wenn das nicht geschieht, bleiben seelische Wunden zurück, die heilen müssen, wenn die Kinder erwachsen sind.

In vielen Familien werden solche seelischen Verletzungen überhaupt nicht bemerkt. In anderen Fällen merken die Eltern vielleicht, daß etwas nicht stimmt, können aber nicht die Ursache dafür herausfinden. Das Kind kann häufig gar nicht recht ausdrücken, was ihm innerlich weh tut. Manche Kinder haben Angst davor, mißbilligt oder getadelt zu werden, und trauen sich deshalb nicht zu sagen, was geschehen ist. In anderen Fällen ging die Verletzung von den Eltern selbst aus, und die Kinder haben niemand anders, an den sie sich mit ihren Ängsten und Verletzungen wenden können. Solche starken seelischen Erschütterungen verursachen die tiefsten seelischen Wunden. Wenn in einer Familie fortwährend seelische Wunden verursacht werden, die weder bemerkt noch geheilt werden, muß von einer funktionsgestörten Familie gesprochen werden, weil die Geborgenheit und Wärme, die Anerkennung und der Trost fehlen, die nach Gottes Willen dort sein sollten.

Jede Form von Mißhandlung im Elternhaus hat auf das Kind bleibende, tiefgreifende Auswirkungen. Auch wenn das Kind zwar selbst nicht mißhandelt wird, aber miterlebt oder hört, wie Mutter, Vater, Geschwister oder andere Familienmitglieder physisch oder verbal mißhandelt werden, kommt diese Negativerfahrung in sein Leben. Denn Kinder fühlen sich sehr häufig schuldig für das, was da abläuft. Sie meinen, wenn sie nur besser oder folgsamer seien, dann verhielten sich Vater und Mutter nicht so, oder dann müßten sie nicht so leiden.

Wenn sich solche Erfahrungen wiederholen, gewöhnen sich die Kinder langsam daran. Dann wird dieses Verhalten zum Modell für ihr eigenes Verhalten. Sie haben keine anderen Erfahrungen, nach denen sie neue Formen für ihr eigenes Leben als Erwachsene bilden können. Menschen, die sich so verhalten wie ihre Eltern, erscheinen ihnen vertraut und anziehend oder vielleicht sogar sympathisch und anregend. So wählen sie dann häufig, ohne es zu merken, Ehepartner mit denselben Schwierigkeiten, wie ihre Eltern sie hatten, und geben so das Trauma ihrer eigenen Kindheit an die nächste Generation weiter.

Deshalb sieht man so oft, daß mißhandelte Kinder sich einen Partner suchen, der sie wiederum mißhandelt. Sie mögen ihr Los bitterlich beklagen, aber trotz allem verlassen sie ihren Partner nicht. Wenn jemand als Kind mißhandelt worden ist, bricht er manchmal sogar mit einem freundlichen, liebevollen Partner und bindet sich an jemanden, der ihn mißhandelt und erniedrigt. Der andere war so lieb und freundlich, daß sie sich gelangweilt fühlten oder meinten, solcher Liebe unwürdig zu sein. Es war so ein befremdendes Gefühl, für sie so unbekannt, so erdrückend, daß sie ihren Partner für jemanden im Stich ließen, der sie in altvertrauter Weise behandelte. Das war dann jemand, für den sie sich aufopfern konnten, um ihn von seinem verkehrten Leben abzubringen. Oft scheint es, als ob sie an die destruktiven Lebensformen gebunden seien, die sie in ihrem Elternhaus erlebt haben.

Janet kam aus solch einer funktionsgestörten Familie. Sie brach die Beziehung zu ihrem Freund ab und begründetet das so: „Was hatte es denn noch für einen Zweck mit ihm? Er hat sich immer selbst um alles gekümmert. Seine Probleme sind alle gelöst. Er brauchte mich nicht. Warum sollte ich mit ihm zusammenbleiben?“

Maritza

Maritzas Geschichte ist typisch für jemanden, der in einer funktionsgestörten Familie aufgewachsen ist. Maritza war das älteste von acht Kindern. Ihr Vater war alkoholabhängig. Die Familie wußte nie, in welchem Zustand er nach Hause käme. Er mißhandelte sie durch Worte und mit Schlägen. Maritza versuchte, ihre Mutter und ihre Geschwister zu schützen. Sie nahm die Verantwortung auf sich, die Familie zusammenzuhalten und eine Katastrophe nach der anderen abzuwenden.

Ihre Mutter war Christin. Sie hatte alle ihre Kinder von der frühesten Kindheit an mit zur Kirche genommen. Schon mit sechs Jahren nahm Maritza Jesus als ihren Heiland an. Ihr ganzes Leben lang war sie zur Kirche gegangen. Mit harter Arbeit schaffte sie es, sich das Studium an einem christlichen College zu verdienen. Es war ein großer Tag für sie, als sie ihr Diplom erhielt und in ihren Beruf als Lehrerin einsteigen konnte.

Einige Monate später heiratete sie einen Mann, der sie wirklich liebte. Er ermutigte sie, ihren Beruf weiter auszuüben, wenn ihr das Freude mache, oder aber, wenn sie das lieber wolle, einen anderen Job anzunehmen oder zu Hause zu bleiben. Er wollte gern ein beständiges, von gegenseitiger Liebe getragenes Zuhause schaffen und dann später auch Kinder haben.

Doch eigentümlicherweise währte Maritzas Glück nicht lange. Schon bald fühlte sie sich rastlos und eingeengt. „Er war zu gut zu mir“, sagte sie. „Ich fühlte mich schuldig. Ich mußte einfach weg von ihm.“

Nach zwei Jahren konnte Maritza es nicht länger aushalten. Sie ließ sich scheiden und zog mit einem Drogenabhängigen, Steve, zusammen, der versprach, sie bald zu heiraten. Zusammen kauften sie ein Haus. Die Kosten dafür und auch für alle Rechnungen teilten sie ganz korrekt unter sich auf, und sie teilten sich auch die anfallende Arbeit. Doch als dann der Hochzeitstermin immer näher rückte, hatte Steve plötzlich alles vergessen.

Bald kam es auch zu körperlichen Mißhandlungen. Steve beschimpfte Maritza ständig, daß sie im gemeinsamen Haushalt zu wenig Zeit einbringe und zu wenig zu den Unterhaltskosten beisteuere. Das Gegenteil war der Fall, denn bald konnte Steve seinen Anteil an den Kosten nicht mehr bezahlen. Da beglich Maritza allein die Rechnungen, damit ihnen nicht Strom und Wasser gesperrt wurden. Jedesmal, wenn sie die ganze Sache satt hatte und sich vornahm, Steve zu verlassen, versprach er ihr, von den Drogen zu lassen und sie zu heiraten. Einmal kaufte er ihr sogar einen Ring, aber er machte keinen Termin für die Hochzeit fest.

Nun, fünfzehn Jahre nach ihrer Scheidung, kam Maritza zu mir in die Beratung. Sie wollte ihr Leben in Ordnung bringen und ihre Verbindung zu Gott wiederfinden. Sie versuchte, sich zu dem Entschluß durchzuringen, Steve zu verlassen. Er hatte eine Affäre mit einer anderen Frau, aber sie liebte ihn immer noch. Vielleicht würde er sich ja doch noch ändern, wenn sie ihm eine weitere Chance gab.

„Ich kann überhaupt nicht fassen, was ich mit meinem Leben gemacht habe“, weinte sie. „Ich hatte immer gesagt, ich werde es nie zulassen, daß mich ein Mann so behandelt, wie mein Vater uns behandelt hat. Ich will heiraten und eine Familie haben. In ein paar Jahren bin ich zu alt dazu. Ich muß Steve verlassen. Ich weiß, daß er nicht der Richtige ist für mich. Aber was wird aus mir, wenn ich wirklich von ihm weggehe?“

Maritza hatte eine gute Ausbildung und einen einträglichen Job. Sie konnte sich gut selbst versorgen. Sie wußte genau, was sie tun sollte, aber sie war an den Mann gebunden, der ihr das Leben so zur Qual machte.

Ein paar Mal machte sie einen Ansatz, eine Beratung in Anspruch zu nehmen. Aber dann gab sie es wieder auf, denn Steve hatte ihr wieder ein paar nebulöse Andeutungen gemacht, daß er sie heiraten wolle. Und es könnte ja vielleicht sein, daß er sich nun doch ändern würde. Das letzte, was ich von Maritza hörte, war, daß alles so schlecht ging wie eh und je. Aber Maritza hoffte noch immer.

Maritza war wie mit Ketten gefesselt, aber sie hatte nicht den Mut, diese Ketten durchbrechen zu lassen. Der Feind hatte durch das Trauma ihrer Kindheit in ihrem Leben Raum und Einfluß gewonnen.

Die persönliche Familie

Zum Bereich der persönlichen Familie gehören unsere Beziehungen zu unserem Ehepartner und zu unseren Kindern. Das schließt auch unsere Vorstellungen davon ein, wie wir als Ehemann beziehungsweise Ehefrau, als Vater oder Mutter sein und handeln sollten, und auch, wie unsere Söhne und Töchter sich verhalten sollten. In jeder dieser Beziehungen untereinander und auch in unseren Vorstellungen darüber, wie diese Beziehungen sein und funktionieren sollten, kann es Schwachstellen und offene Türen zum Reich der Finsternis geben.

Wenn diese Schwachstellen nicht geheilt und diese offenen Türen nicht verschlossen werden, wenn jemand zu Jesus kommt, werden sie weiterhin von Generation zu Generation weitergegeben. Das folgende Beispiel zeigt, wie überkommene, falsche Verhaltensstrukturen sich auch bei Menschen zeigen, deren einziger Wunsch es ist, Gott zu dienen.

Jenny und Eric

Jenny und Eric waren beide Missionarskinder der dritten Generation. Ihre beiderseitigen Großeltern waren Pioniermissionare gewesen und ihre Eltern ebenfalls. Als Jenny und Eric heirateten, freuten sie sich auf viele glückliche Jahre miteinander.

In den ersten Jahren ging alles gut. Dann bekamen sie zwei Kinder. Sie hatten nun beide mehr Verantwortung zu tragen, und sie wurden reizbarer gegeneinander. Schließlich wurden sie sich einig, daß Jenny ihren Beruf aufgeben sollte, damit sie zu Hause bleiben und für die Kinder sorgen konnte. Trotzdem wurden ihre Auseinandersetzungen immer heftiger. Eines Tages passierte es, daß Eric in einem Wutanfall Jenny schlug. Sofort tat ihm das leid, und er versprach, es nie wieder zu tun. Es ging dann eine Weile besser, aber dann passierte es doch wieder. Und wieder bereute Eric zutiefst, was er getan hatte, und versprach von neuem, daß dies nie wieder vorkommen solle.

Doch Eric wurde immer reizbarer. Er machte Jenny Vorwürfe, sich ihm nicht genug unterzuordnen und ihn dadurch zu solchen Wutanfällen zu provozieren, daß er sich nicht mehr unter Kontrolle hatte. In ihrer Verzweiflung wandte sich Jenny an Gott. Sie gestand ein, daß sie keine perfekte Ehefrau war, und nahm sich vor, sich zu ändern. Aber wie sie sich auch mühte, sich zu ändern und Eric zu gefallen, er fand immer wieder etwas, das ihn provozierte. Er spürte dann, wie der Ärger in ihm hochkam, bis er ihn nicht länger zurückhalten konnte und ihn das geringste bißchen in Rage brachte. Mit der Zeit wurden dann auch die Kinder zum Ziel seiner Wutausbrüche.

Eric verbrachte seine meiste Zeit auf seiner Arbeitsstelle. Wenn er zu Hause war, hielt er sich meistens im Keller auf und werkelte dort herum, abseits von der Familie. Sonntags gingen sie gemeinsam zur Kirche, aber den übrigen Tag schlief er oder beschäftigte sich im Keller. Jedes Einmischen in seine Zeiteinteilung ärgerte ihn. Jenny bat ihn manchmal, mit ihr zusammen Hilfe für ihre verfahrene Situation zu suchen, aber er hatte kein Interesse daran. Schließlich war seiner Meinung nach das Ganze nur ihr Problem. Wenn sie sich ihm nur genügend unterordnete, gäbe es keinerlei Schwierigkeiten.

Schließlich ging Jenny allein zur Beratung. Als sie ihre Geschichte erzählte, kam unter anderem folgendes zum Vorschein: Jennys Großeltern kamen aus sehr strengen Elternhäusern. Nach ihrer Bekehrung waren sie so bald wie möglich aufs Missionsfeld ausgereist. Damals war das Leben für Missionare sehr hart. Die Arbeit kam immer als erstes. Das, was für die Familie wichtig war, wurde ganz selbstverständlich hintangestellt. Die Kinder wurden weit weg zur Schule geschickt und konnten ihre Eltern nur einmal im Jahr besuchen. Später blieben sie in ihrem Heimatstaat. Sie sahen dann ihre Eltern nur, wenn die alle sechs bis sieben Jahre zum Heimataufenthalt kamen. Wenn die Kinder Angst hatten oder weinten, dann bezeichneten das ihre Eltern als Mangel an Hingabe für das Werk des Herrn.

Jennys Mutter war schon mit zwanzig Jahren mit ihrem Mann und dem Baby aufs Missionsfeld ausgereist. Aber sie war noch gar nicht dazu reif, Frau und Mutter zu sein. Im Laufe der Jahre bekam sie vier Kinder, aber sie ärgerte sich ständig darüber, daß ihre Kinder sie so stark beanspruchten. Jenny bekam oft von ihrer Mutter zu hören, daß sie am liebsten gar keine Kinder gehabt hätte.

Ihre Eltern unterrichteten an einer Bibelschule. Wenn ihre Mutter ihre Unterrichtsstunden hielt, mußten Jenny und ihr Bruder allein zu Hause bleiben. Weil ihre Mutter nicht fähig war, ihre Aufgabe als Frau und Mutter auszufüllen, gab es zwischen ihr und ihrem Mann häufig Auseinandersetzungen. Aber die Kinder durften nie darüber sprechen.

Wenn es darum ging, seine Schüler zu unterrichten, hatte ihr Vater eine Engelsgeduld. Aber wenn seine Kindern etwas nicht verstanden, was er ihnen erklärt hatte, dann ging er einfach weg und sagte, er wolle seine Zeit nicht mit ihnen verschwenden, da sie ja offensichtlich doch nichts lernen wollten. Doch nach außen erschien die Familie glücklich und zufrieden.

Im Innersten rebellierte Jenny oft gegen ihre Eltern, aber sie wagte es nie, etwas zu sagen, bis sie zum College ging. Dort wandte sie sich so extrem gegen alles, was sie gelernt hatte, daß sie fast rausgeworfen worden wäre. Dann begegnete sie Eric. Sie glaubte in ihm den Mann gefunden zu haben, mit dem sie endlich ein wirkliches Zuhause haben konnte. Doch auch er hatte eine verhängnisvolle Geschichte hinter sich.

Erics Großvater stammte aus einer Alkoholikerfamilie. Sein Urgroßvater hatte die Familie grausam mißhandelt. Als Teenager war auch sein Großvater selbst in den Alkoholismus gerutscht. Doch dann hatte er eine Begegnung mit Jesus gehabt, sich wunderbarerweise bekehrt und war durch die Gnade Gottes vom Alkohol frei geworden. Unmittelbar danach verspürte er die Berufung, als Missionar ins Ausland zu gehen. Er absolvierte nur die allernötigste Vorbereitung für diesen Dienst und reiste dann aufs Missionsfeld aus.

Erics Großvater hielt seine Familie streng unter Kontrolle. Die Arbeit stand für ihn immer an erster Stelle, auch in Zeiten von Krankheit und anderer Not. Er trank nun keinen Alkohol mehr, aber seine Alkoholikerpersönlichkeit hatte sich nicht gewandelt. Sie war jetzt lediglich religiös verbrämt.

Erics Vater folgte den Fußspuren seines Großvaters. Nachdem er die minimale Ausbildung für den Dienst abgeschlossen hatte, reiste er mit seiner jungen Frau aufs Missionsfeld aus. Bald hatten sie vier Kinder. Erics Schwester Doris, die auch zu mir in die Beratung kam, erinnerte sich noch daran, wie oft sie als Kinder voller Angst zusammengehockt hatten, wenn sich ihre Eltern im Nebenraum wütend stritten. Wenn dann jemand an die Haustür kam, wurden die Stimmen der Eltern auf einmal sanft und freundlich. Doch sobald die Leute weg waren, verfielen sie wieder in ihren wütenden Tonfall. Später gingen die Kinder dann in ein Internat. Doris weinte und weinte viele Jahre lang, und nichts konnte sie trösten.

„Alle dachten, es sei, weil ich solches Heimweh nach meinen Eltern hatte", sagte Doris. „Aber es war nicht deswegen. Ich hatte nur so schreckliche Angst davor, was zu Hause passieren könnte. So wie ich meine Eltern kannte, konnten sie sich gegenseitig sogar schlagen und verletzen. Nie konnte ich jemandem sagen, warum ich wirklich weinte.

Eric war ungefähr zwei Jahre jünger als ich. Ich weiß noch, wie mein Vater ihn manchmal so schrecklich strafte, daß ich nicht ertragen konnte, das mitanzusehen. Doch nach dem Tode unseres Vaters konnte sich Eric überhaupt nicht daran erinnern."

„Aber warum hat die Missionsleitung nichts dagegen unternommen?“ fragte ich Doris.

„Sie haben nichts davon gewußt“, antwortete sie. „Meine Eltern schienen so hingebungsvoll in ihrem Dienst aufzugehen. Mein Vater war bei der Mission und in den Gemeinden sehr angesehen. Keiner von uns Kindern wagte, mit jemandem über das zu sprechen, was bei uns zu Hause ablief.“

Als Erics Frau mir dann von ihren Schwierigkeiten erzählte, wurde mir klar, daß hier die Verhaltensmuster einer funktionsgestörten Familie von einer Generation zur nächsten weitergegeben worden waren. In Erics Familie betrank sich zwar niemand mehr, aber die für einen Alkoholiker typischen Verhaltensmuster waren immer in die nächste Generation weitergegeben worden. Die Ketten waren nicht durchbrochen. In diesem Lebensbereich war Eric immer noch gebunden, und er merkte das nicht, wollte es auch gar nicht merken.

Jenny glaubte, ihre Probleme mit Eric seien größtenteils ihre Schuld. Irgendwie provoziere sie ihn eben immer. Sie wußte nur nie, womit eigentlich. Schließlich ließ sich alles mögliche als mangelnde Unterordnung bezeichnen. Denn auch wenn die Kinder artig waren und Jenny sehr lieb zu Eric war, konnte er plötzlich in Ärger aufbrausen. Manchmal schien es fast, als ob ihn gerade ihre Freundlichkeit und Unterordnung ärgerte, obwohl er behauptete, genau das sei alles, was er sich wünsche.

Wir beteten zusammen und banden den Ärger, die Wut und den Drang zur Gewalttätigkeit, die in Eric am Werke waren. Weil er es ablehnte, selbst Hilfe in Anspruch zu nehmen, konnte ich nur mit Jenny arbeiten und ihr helfen, sich auf den geistlichen Kampf vorzubereiten, der ihr bevorstand. Eines war klar: Gott wollte nicht, daß es in ihrer Ehe so zuging. Sich Erics Sünde der Zornausbrüche und Mißhandlungen „unterzuordnen“, konnte ihren Alptraum nicht beenden. Gott sagt, daß er es haßt, wenn ein Mann seiner Frau gegenüber gewalttätig wird. Er möchte, daß Familien in Frieden und Glück zusammenleben (Meleachi 2,16).

Nun war Eric allerdings gläubig. Er hatte schon als kleiner Junge Jesus als seinen Heiland angenommen, und er wollte ihm nachfolgen. Jedesmal, wenn er wieder einen Wutausbruch gehabt hatte, tat ihm das ernstlich leid, und dann bat er um Verzeihung und gelobte, es solle nie wieder vorkommen.

„In diesem Augenblick der Offenheit“, sagte ich Jenny, „mußt du mit der Kraft des Heiligen Geistes an ihn herantreten. Du kannst Eric dann helfen, seiner Wut und dem Hang zur Gewalttätigkeit, die ihn beherrschen, abzusagen und sie im Namen Jesu auszutreiben. Du mußt in Jesu Namen all die offenen Türen schließen, die von früheren Generationen herkommen, und auch alle, die von Erics eigenem Verhalten herrühren. Und dann bitte den Heiligen Geist, jeden Bereich im Leben deines Mannes auszufüllen.“

Als Eric das nächste Mal fast verging vor Reue über das, was er wieder getan hatte, machte Jenny, was ich ihr gesagt hatte. Gemeinsam mit Eric band sie all das Böse, das ihn beherrschte, und trieb es aus. Plötzlich fing Eric an, zu würgen und beinah zu erbrechen. Er spürte, wie ihn etwas Böses verließ. Gemeinsam schlossen dann Jenny und Eric alle offenen Türen in seinem Leben und baten den Heiligen Geist, ihn auszufüllen.

Jedesmal, wenn Eric nun wieder in Gefahr war, wütend oder frustriert zu reagieren, dann sagte er zu der Versuchung: „In Jesu Namen, geh weg! Ich gebe dir keinen Raum in meinem Leben. Ich gehöre zu Jesus. Herr Jesus, ich öffne mich für dich. Gib du mir Frieden und Liebe.“

Jenny und Eric zogen damals in eine weit entfernte Stadt um, und deshalb konnte Jenny nicht mehr zur Beratung zu mir kommen. Erst einige Monate später sah ich sie noch einmal.

„Es hat sich wirklich vieles geändert“, sagte sie mir. „Eric ist anders geworden. Er wird noch immer von seinen früheren Zornausbrüchen versucht, aber er hat die Erfahrung gemacht, daß er in Jesus eine wirklich wirksame Waffe dagegen hat. Alles andere ist nutzlos. Nur wenn er sich unter den Namen Jesu stellt, kann er frei bleiben. Und durch all das, was wir erlebt haben, hat Gott auch mir Bereiche in meinem Leben gezeigt, die ich noch für ihn öffnen muß.“

Eric und Jenny beteten auch für ihre Kinder und verschlossen die Türen zum Reich der Finsternis, das schon zu ihnen weitergegangen war, und sie beteten auch für die offenen Türen in Jennys Leben.

Gott durchbrach bei Eric und Jenny Ketten, die von Generation zu Generation weitergegeben worden waren und die auch bei ihren Kindern, der nächsten Generation, wieder zu finden gewesen wären. Wie Abraham und Sarah sind Eric und Jenny nun die ersten in dieser ganzen Familienlinie, von denen Segnungen für spätere Generationen ausgehen werden.

Wenn offene Türen zum Reich der Finsternis in einer Familie von den Eltern zu den Kindern weitergehen, kann das auch noch andere Auswirkungen haben als bei Eric und Jenny. Das zeigte sich in Samuels Leben.

Samuel

Samuel kam in seinem Glaubensleben nicht voran, obwohl auch seine Eltern Christen waren und sich wünschten, daß ihre Kinder Jesus nachfolgten. Samuel, der Älteste unter den Geschwistern, hatte schon mit neun Jahren Jesus als seinen Heiland aufgenommen. Er wußte, daß Gott ihn in die Missionsarbeit berufen wollte, aber ihm paßte das nicht. Die Dinge dieser Welt waren für ihn so verlockend, daß er einfach nicht daran vorbeigehen konnte. Dreimal machte er einen neuen Anfang mit Gott, aber zweimal fiel er wieder zurück in sein altes Leben. Als Samuel sich zum letzten Mal Gott wieder zuwandte, wußte er, daß er sich nun nicht länger gegen seine Berufung wehren konnte. Kurz entschlossen meldete er sich in einem christlichen Seminar an.

Aber auch dort, wo er die Bibel studierte, um sich auf seinen Missionsdienst vorzubereiten, quälten ihn tiefgreifende Zweifel daran, ob Gott überhaupt existiere und ob die Bibel wirklich Gottes Wort sei. Was er auch versuchte, nichts schien ihn von diesen grundlegenden Zweifeln befreien zu können.

Eines Tages sprach ein Evangelist, der das Seminar besuchte, über die Auswirkungen, die spiritistische Riten auf das Leben eines Gläubigen haben. Eine dieser Auswirkungen sind eine Abneigung dagegen, in der Bibel zu lesen, die Unfähigkeit, in einer örtlichen Gemeinde Wurzeln zu schlagen und tiefe, unüberwindliche Zweifel an der Existenz Gottes und am Wert der Bibel.

Das könne durch eigene Kontakte mit okkulten Mächten auftreten, aber auch durch solche Kontakte, die Eltern und Großeltern gehabt hatten.

Samuel hatte das Gefühl, der Evangelist spreche eigens für ihn. Er wußte, daß er auch in den Zeiten, als er ohne Gott gelebt hatte, niemals Kontakt mit Okkultem gehabt hatte. Deshalb nahm er sich vor, seine Mutter danach zu fragen, ob es irgendwann in früheren Generationen solche Kontakte gegeben hatte.

„Ja, da gab es etwas", sagte seine Mutter, als Samuel wieder einmal zu Hause war. „Bevor ich Christ geworden bin, ging ich einmal mit einer Freundin zu einer spiritistischen Sitzung. Dort wurden durch das sogenannte Tischrücken Botschaften aus dem Jenseits übermittelt. Ich habe dabei aber nicht mitgemacht und ich habe es nicht einmal geglaubt. Und nach meiner Bekehrung habe ich alles widerrufen."

Samuels Mutter hatte diesen Kontakt mit okkulten Mächten widerrufen. Aber sie hatte nicht gewußt, daß dieses Erlebnis auch auf ihre Kinder Einfluß haben könnte. Sie hatte nicht auch die Türen für die folgenden Generationen verschlossen.

Als Samuel ins Seminar zurückgekehrt war, bat er seine Freunde, mit ihm zu beten, damit er von den Auswirkungen befreit würde, die diese Erfahrung seiner Mutter auf ihn gehabt hatte. Sie verschlossen auch die Möglichkeit, daß diese offenen Türen an folgende Generationen weitergegeben werden könnten. Von diesem Tag an änderte sich Samuels Leben. Die Zweifel konnten bei ihm keinen Fuß mehr fassen. Er wurde ein bevollmächtigter Missionar, der viele Menschen zu Jesus führte. Und seine beiden inzwischen erwachsenen Kinder stehen aktiv in der Arbeit ihrer Gemeinde.

Beziehungen in Kirche oder Gemeinde

Gott möchte, daß seine Kinder mit anderen Christen in einer Kirche oder Gemeinde Gemeinschaft haben, damit sie die geistliche Nahrung bekommen, die sie brauchen. Diese Gemeinschaft untereinander und das Wachstum im Glauben können durch offene Türen zum Reich der Finsternis empfindlich gestört werden. Als mein Mann und ich in der Missionsarbeit in Nordkolumbien standen und dort eine Gemeinde gründeten, fiel uns auf, daß viele Gläubige in ihrer Beziehung zu Jesus nur bis zu einem bestimmten Punkt wuchsen. Sie entwickelten sich von da an einfach nicht weiter, und manche fielen sogar wieder zurück in ihr altes Leben. Auch gab es in der Gemeinde viel untergründiges Gezänk und Unruhe.

Als wir dann hörten, wie die Gemeindeglieder gelebt hatten, bevor sie Christen geworden waren, fiel uns auf, wie weit verbreitet Spiritismus und andere okkulte Praktiken bei ihnen gewesen waren. Schließlich nahmen wir uns vor, jeden einzelnen nach seinen okkulten Kontakten zu fragen. Unter hunderten von Menschen, mit denen wir sprachen, war nur ein einziger, der persönlich nie an irgendeinem okkulten Ritus teilgenommen hatte. Ein Onkel, der bei ihm im Haus lebte, war Spiritist, aber er selbst mied alle solche Praktiken.

Damals gab uns Gott einen „Schnellkursus" über die Notwendigkeit, offene Türen zum Reich des Bösen zu verschließen. Die Auswirkungen, die das auf die Menschen hatte, waren erstaunlich. Endlich kamen sie aus ihren Sackgassen heraus und wuchsen in ihrem Glaubensleben.

Auch wenn jemand nirgendwo in einer Gemeinde Fuß faßt, kann das ein Anzeichen dafür sein, daß es bei ihm irgendwo offene Türen gibt. Er findet dann immer wieder etwas an dem Pastor, an den Gemeindegliedern oder an den Gottesdienstformen auszusetzen und zieht deshalb weiter in die nächste Gemeinde. Er kann dann oft auch nicht erkennen, wenn eine Gemeinde falsche Glaubensgrundsätze lehrt oder wenn sie geistlich so tot ist, daß er selbst dort ebenfalls geistlich sterben würde. Bei Leonor zeigte sich genau diese Problematik.

Leonor

Leonor hing so an ihrem Pastor, daß sie ihm und seiner Familie aus einer lebendigen, wachsenden Gemeinde tiefer und tiefer in eine falsche Sekte hinein folgte. Was wir auch sagten oder taten, nichts schien sie davon abhalten zu können. Damals wußten wir noch nicht viel über die Bedeutung offener Türen in einem Menschenleben. Das letzte, was wir von ihnen hörten, war, daß der Pastor das Datum der Wiederkunft Jesu bekanntgegeben hatte. Er forderte alle Anhänger dazu auf, ihren gesamten Besitz zu verkaufen und das Geld in die Gemeinde zu bringen, damit sie bereit wären für das Kommen Jesu. Als das Datum, das er angegeben hatte, vorüberging, ohne daß etwas geschah, sagte er, Jesus sei zwar wiedergekommen, nur eben anders, als sie es erwartet hatten. Jesus sei in Guatemala gelandet und arbeite sich nun langsam von Mittelamerika ins südliche Kolumbien durch, wo er sein Hauptquartier in ihrer Kirche errichten werde. Von dort aus werde er dann die Welt regieren, und nur wer Mitglied in ihrer Kirche sei, werde mit ihm regieren.

Leonor folgte ihrem Pastor blind durch all diese Irrwege, obwohl ihr Mann nichts mit dieser Gruppe zu tun haben wollte und Leonor bat, sie zu verlassen. „Die Bibel sagt, daß wir unseren Pastoren gehorchen sollen", sagte Leonor. Sie war unfähig, zwischen einem wahren Pastor und einem Irrlehrer zu unterscheiden. Bei beiden, Leonor und ihrem Pastor, gab es offene Türen, die verschlossen werden mußten.

Beziehungen zu Freunden

Ein weiterer Bereich unseres Soziallebens, in dem es offene Türen geben kann, ist das Gebiet der Freundschaft. Wir alle brauchen Freunde, denn Gott hat uns als Sozialwesen geschaffen. Aber auch dieser Bereich ist durch den Sündenfall in Mitleidenschaft gezogen.

Auch auf diesem Gebiet gibt es zwei Extrempositionen. Einerseits gibt es Menschen, die geradezu süchtig sind nach Freunden. Andere können dagegen überhaupt keine Beziehungen zu anderen aufbauen. Aus Angst vor dem, was sie anderen antun könnten oder aus Angst vor dem, was andere ihnen antun könnten, isolieren sie sich und meiden alle Kontakte.

Janet zum Beispiel war überzeugt, sie sei so schlecht, daß sie jeden mit dieser Schlechtigkeit anstecken würde, mit dem sie sich anfreundete. Sie war schon viele Jahre Christin, aber noch immer plagten sie Selbstmordgedanken. Sie täte der Welt einen Gefallen, dachte sie, wenn sie sie von ihrer Gegenwart befreite. Nur der Gedanke daran, daß sie vor Jesus treten müßte, wenn sie sich umgebracht hätte, hielt sie von der Ausführung ihrer Gedanken zurück.

Violet

Bei Violet war es genau anders herum. Sie konnte es nicht aushalten, allein zu sein. Schon mit neunzehn Jahren hatte sie geheiratet. Als sie zwanzig war, hatte sie eine Tochter, und ihr Mann steckte im Gefängnis. Ein Jahr lang besuchte sie ihn treu. Aber dann kam sie zu der Überzeugung, daß sie die Reiserei nicht mehr aushalte und ließ sich scheiden. Weil Violet es nicht ertragen konnte, allein zu sein, zog sie zu einem Drogensüchtigen, der versprochen hatte, sie zu heiraten. Fünf Jahre lang rauchten sie miteinander Marihuana und stritten sich bei jedem geringsten Anlaß. Dann zog er aus. Violet war vollkommen am Ende und kam zur Beratung.

Doch obwohl wir nun all die tiefgreifenden Verletzungen aus ihrer Vergangenheit zum Herrn brachten, änderte sich nichts an ihrem Horror vor dem Alleinsein. Weil ihr drogenabhängiger Freund sie verlassen hatte, brauchte sie für jeden Abend einen Babysitter, der bei ihrer sechsjährigen Tochter blieb, während sie bei ihren Freunden war. Allein der Gedanke daran, einen Abend nicht mit ihren Freunden zusammensein zu können, brachte sie in Panik. Ihre Tochter wurde durch das viele Hin und Her und die Unsicherheiten rebellisch und nervös.

Violet und ich brachten im Gebet ihr ganzes Leben zu Jesus. Wir schlossen alle Türen zum Reich der Finsternis und erklärten dann Jesus zum König über alle ihre Lebensbereiche. Erst danach konnte Violet gegen den Drang ankämpfen, ständig zu ihren Freunden zu rennen. Sie konnte nun auch einmal eine Zeit mit ihrer Tochter allein zubringen. Ihr Glaubensleben vertiefte sich, und sie fand neuen Sinn in ihrer Zugehörigkeit zu ihrer Kirche.

Schließlich wurde ihr bewußt, daß sie durch die Freunde, die sie sich aussuchte, heruntergezogen wurde. Es waren alles Menschen, die in irgendeiner Hinsicht „gerettet" werden mußten. Obwohl sich einige von ihnen zum Glauben an Gott bekannten, steckten sie alle in Alkohol- oder Drogenproblemen. Violet hatte gedacht, sie könne ihnen dabei helfen, ihre Schwierigkeiten zu bewältigen, und das hatte ihr das Gefühl gegeben, etwas wert zu sein. Nun entdeckte sie, daß das Gegenteil geschehen war. Statt ihnen dabei helfen zu können, frei zu werden, hatten ihre Freunde sie in ihren Drogenkonsum mit hineingezogen. Ihr Bedürfnis, andere zu retten, um sich selbst wertvoll zu fühlen, hatte ihr ein Leben der ständigen Niederlage eingetragen. Erst nachdem wir in ihrem Leben die Türen zum Reich der Finsternis geschlossen hatten, konnte sie es lernen, zu unterscheiden zwischen Menschen, deren Freundschaft sie aufbaute, und solchen, die sie herunterzogen.

Beziehungen am Arbeits- oder Ausbildungsplatz

Schon mehrfach haben wir festgestellt, daß wir Menschen einen ausgesprochenen Hang haben, in Extreme zu verfallen. Unsere Arbeit ist ein weiteres Feld im sozialen Bereich, wo wir es schwer haben, in der Balance zu bleiben. Entweder werden wir träge, oder wir werden arbeitssüchtig. Mancher braucht seine Arbeit, um sich anderen Verantwortlichkeiten zu entziehen oder um sich seine Gefühle nicht bewußt werden zu lassen. Andere dagegen benutzen fast jede Ausrede, um sich vor ihrem Studium zu drücken oder ihre Arbeitsstelle aufzugeben.

James

James brachte es einfach nicht fertig, sein Studium am Seminar abzuschließen, weil er nie seine Arbeiten zu Ende führte. Er war sehr intelligent, aber er konnte sich einfach nicht hinsetzen und lernen. Schließlich mußte er ein Semester lang aussetzen, damit er die Arbeiten abschließen konnte, die er schon im Jahr davor hätte abgeben müssen. Zwei weitere Jahre vergingen, ohne daß er seine Papiere anrührte, bevor er zu mir zur Beratung kam.

„Ich kann diese Arbeiten einfach nicht fertig machen. Ich weiß, daß ich es nicht kann“, sagte er.

„Woher weißt du das?“ fragte ich ihn.

„Jedesmal, wenn ich mich hinsetze, um zu arbeiten, sagt etwas in mir: ‚Was glaubst du eigentlich, wer du bist? Du schaffst das sowieso nicht. Und heute abend schon gar nicht. Verschieb es auf morgen. Außerdem bist du viel zu müde.‘ Ich kann einfach nichts dagegen machen.“

James hatte eine sehr unglückliche Kindheit gehabt. Er war seelisch und körperlich mißhandelt worden. Sein Vater ließ sich von der Mutter scheiden. Er sorgte dann auch nicht mehr für ihren Unterhalt. Die Familie war ganz auf sich selbst gestellt. Schon mit acht Jahren mußte James die Fürsorge für seine beiden jüngeren Schwestern übernehmen, weil seine Mutter immer wieder in eine psychiatrische Klinik mußte.

Die Mutter war Organistin in ihrer Kirche, und sie erzählte ihren Kindern von Gott und vom Glauben an ihn. James hatte immer den Wunsch, Gott zu dienen. Er wollte, daß sein Leben etwas zählte für Gott. Aber er kam in seinem Glaubensleben nicht mehr voran.

Als wir all seine traumatischen Erfahrungen zu Jesus brachten, damit er sie heilte, zeigte sich, wie die Mißhandlungen, die seelische Krankheit seiner Mutter und die Vernachlässigung sein ganzes Leben durchzogen. Kein Wunder, daß der Feind bei ihm so fest hatte Fuß fassen können. Zusammen beteten wir für jeden seiner Lebensbereiche. Wir verschlossen die Türen zum Reich der Finsternis und erklärten Jesus zum König über James' Leben.

Damit James mit seinem Studium zurechtkam, setzten wir bestimmte Zeiten fest, um seine Ausarbeitungen zu beenden. Er mußte seine Lerngewohnheiten verändern, und nun war er fähig, diesen Kampf anzutreten.

„Wenn mir jetzt wieder der Gedanke kommt, daß ich eine bestimmte Arbeit sowieso nicht schaffe, dann begegne ich dem als einer Versuchung. Dann berufe ich mich auf Jesus und sage der Versuchung, sie solle weggehen. Und dann setze ich mich irgendwie doch an meine Arbeit“, berichtete er mir.

James lernte in jener Zeit eine hübsche, junge Frau kennen. Sie war ebenfalls Christin, und die beiden liebten einander und wollten heiraten. Aber nun kamen bei James ähnliche Gefühle hoch, wie er sie früher im Blick auf sein Studium gehabt hatte.

„Ich bin mir nicht sicher, daß wir schon bereit sind zu heiraten", sagte James eines Tages zu mir, als er zur Beratung kam. „Vielleicht sollten wir doch noch etwas warten. Vielleicht sind wir noch nicht erwachsen genug, um zu heiraten."

„Wie alt bist du?" fragte ich ihn.

„Dreiunddreißig."

„Und Jane?"

„Zweiunddreißig."

„James", fragte ich, „glaubst du wirklich, daß ihr beide noch ein bißchen erwachsener werdet, wenn ihr noch einmal vier Monate wartet?"

James dachte eine Weile nach und antwortete dann langsam: „Nein, eigentlich nicht. Ich denke, das ist wieder so eine Versuchung, etwas Schönes zurückzuweisen, das Gott mir schenken will."

„Genau wie die Versuchung, deine Arbeiten nicht zu Ende zu bringen, damit du deinen Studienabschluß nicht erreichtest?"

James grinste verlegen. „Ja, genauso", gab er schließlich zu. „Es war einfach zu gut für mich. Dasselbe war auch immer mit meinen Jobs. Ich habe mich noch nicht einmal getraut, mich überhaupt nach einem guten Job umzusehen. Ich hatte immer das Gefühl, daß Gott mir sagte, für mich komme nur ein Job in Frage, bei dem ich gerade eben genug verdiente, um mich über Wasser zu halten. Und bei meinen Autos war es auch so. Ich dachte immer, ich müsse Autos kaufen, bei denen ich so viel für Reparaturen ausgeben mußte, daß ich für Essen und Kleidung kein Geld mehr übrig hatte."

„Also, was willst du jetzt mit diesen Gedanken anfangen?"

„Ich muß sie als Versuchungen nehmen und ihnen im Namen Jesu sagen, daß sie weggehen sollen."

Zwei Wochen vor der Hochzeit schloß James seine letzte Arbeit für das Seminar ab. Er war nun frei dazu geworden, die guten Dinge anzunehmen, die Gott ihm geben wollte. Er fing an zu glauben, daß Gott wirklich Gutes für ihn bereit hatte und nichts Schlechtes, und daß er ihm Hoffnung und Zukunft geben wollte (Jeremia 29,11).

Menschen, die wie James eine schlimme Kindheit hatten, haben häufig das Gefühl, daß gute Dinge für sie zu gut sind. Sie denken dann vielfach, Gutes mache sie nur stolz oder ließe sie Gott vergessen. Daß Gott nicht geehrt wird, wenn seine Kinder leben, als ob ihr Vater geizig sei, und als ob es ihn freue, wenn es ihnen schlechtgeht, kommt ihnen nicht in den Sinn. Ich meine nicht, daß wir, nur weil wir Christen sind, reich sein müßten. Aber ich glaube, daß Gott nicht geehrt wird, wenn wir von ihm keine guten Gaben annehmen können. Unsere finanzielle Situation hat natürlich auch etwas damit zu tun.

Die finanzielle Situation

Es gibt Leute, die arbeiten und arbeiten, und trotzdem stehen sie immer kurz vor dem Bankrott. Sie verdienen vielleicht sogar recht gut, aber irgendwie verschwindet ihr Geld immer, ohne daß sie wirklich etwas davon haben. Andere scheinen einfach nicht genug verdienen zu können, um ihre Kosten zu bestreiten. Eine Zeitlang mag dann einmal alles recht gutgehen, aber dann ist plötzlich wieder alles verloren, für das sie gearbeitet haben. Egal, wie hart sie arbeiten, oder was sie versuchen, um ihre Unterhaltskosten zu bestreiten, irgendwie endet alles immer im Desaster. Andererseits gibt es aber auch Menschen, für die ihr Geld zum Götzen wird. Das zeigt sich in der Geschichte von Verda.

Verda

Verda hatte seit ihrer Teenagerzeit immer zwei Jobs gleichzeitig gehabt, einfach nur, um genügend Geld für teure Dinge zu haben, die ihr dann das Gefühl gaben, ein wirklich wertvoller Mensch zu sein. Als sie Larry, einen vielversprechenden jungen Geschäftsmann kennenlernte, zog sie mit ihm zusammen, und später heirateten sie auch. Dann fand Verda zum Glauben an Jesus, und sie übergab ihm ihr Leben. Nicht lange danach verschlechterten sich ihre finanziellen Verhältnisse. Sie konnten sich ihre beiden Mercedes-

Wagen nicht mehr leisten und keine wertvollen Pelze und keinen kostbaren Schmuck mehr kaufen. Als sie nach und nach auf alle diese materiellen Dinge verzichten mußte, flehte Verda immer wieder: „Herr, ich bin bereit, alles zu tun, wirklich alles, nur laß uns bitte nicht arm werden."

„Verda, was verstehst du unter arm?" fragte ich sie eines Tages.

„Nun, wenn ich zum Beispiel nicht mehr jede Woche zur Kosmetikerin gehen könnte. Ich sähe dann schrecklich aus, mit lauter kleinen Härchen im Gesicht. Oder wenn wir unsere Reitpferde und das Pony und die Reitstunden für meine Tochter aufgeben müßten."

„Was würde denn geschehen, wenn ihr darauf verzichten müßtet?"

„Dann wären wir einfach nur noch genau wie andere Leute, dann würden wir in Armut leben. Und dann wäre an uns überhaupt nichts Besonderes mehr."

Beide Extreme, das Bedürfnis, stets arm zu bleiben, und die Sucht, reich zu sein, können ein Anzeichen dafür sein, daß offene Türen zum Reich der Finsternis bestehen. Beide Einstellungen stimmen nicht überein mit dem Gebet aus den Sprüchen: „Armut und Reichtum gib mir nicht; laß mich aber mein Teil Speise dahinnehmen, das du mir beschieden hast. Ich könnte sonst, wenn ich zu satt würde, verleugnen und sagen: Wer ist der Herr? Oder wenn ich zu arm würde, könnte ich stehlen und mich an dem Namen meines Gottes vergreifen" (Sprüche 30, 8.9).

Nationale und rassische Identität

In diesem Bereich sind wir uns unserer Verletzlichkeit gegenüber dem Reich Satans kaum bewußt. Doch wieviel Unheil und Zerbruch haben Menschen schon erlitten allein aufgrund ihrer Nationalität oder ihrer Hautfarbe!

Wenn wir Staatsangehörige eines mächtigen Staates sind, oder wenn wir zu einer hellhäutigen Rasse gehören, ist uns irgendwie das Bewußtsein eingeimpft, wir seien diejenigen, die von Natur aus dazu befähigt sind, alle Dinge in Ordnung zu halten, und ohne uns werde alles im Chaos enden. Der Rest der Menschheit müsse irgendwie so werden, wie wir, um jenen „von Gott gesegneten“ Status zu erlangen, der uns von Geburt an gegeben sei. Dabei kommt es uns oft gar nicht in den Sinn, daß andere Völker vielleicht gar nicht so werden wollen wie wir, und daß unsere Lebensformen ihnen vielleicht überhaupt nicht erstrebenswert erscheinen.

In diesem Bereich gibt es weit geöffnete Türen für dunkle Mächte. So entstehen Fanatismus, Rassismus, Nationalismus, Unterdrückung, Kriege und noch vieles mehr. Diese Türen müssen im Namen Jesu geschlossen werden, damit wir einander in Liebe dienen können, und einer den anderen höher achtet als sich selbst (Galater 5,13; Philipper 2,3).

Wer einem unterdrückten Volk angehört oder eine etwas dunklere Hautfarbe hat, wird oft ganz selbstverständlich nur wie eine Nummer behandelt. Oft schaut man auf ihn herab als auf einen Menschen zweiter Klasse und gibt ihm das Gefühl, seine Ideen seien wertlos und er könne nicht eigenständig entscheiden, was gut für ihn ist und was nicht. Das kann dazu führen, daß er auf die Menschen, die meinen, ihm etwas Gutes zu tun, indem sie ihn bevormunden, einen Haß entwickelt, den er fast nicht wieder loswerden kann. Andere versuchen, sich das anzueignen, was jene „Überlegenen“ von ihnen erwarten. Sie geben dabei sich selbst auf und leben zudem noch ständig mit der Befürchtung, sie könnten tatsächlich minderwertige Menschen sein.

Diese beiden Extreme und auch viele Positionen dazwischen dienen als offene Türen für das Reich der Finsternis. Sie müssen geschlossen werden, damit wir uns der Stellung bewußt werden können, die wir in Christus haben: Wir sind Menschen von unendlichem Wert, die von Gott zu jedem guten Werk befähigt worden sind (Epheser 2,10; 2. Timotheus 3,17).

Wie wir das in anderem Zusammenhang schon gesehen haben, können auch diese Schwachstellen von Generation zu Generation weitergegeben werden. Sie können aber auch durch eigenes Verhalten entstehen, durch eigene Erlebnisse oder durch Dinge, mit denen man selbst in Kontakt gekommen ist. Im nächsten Kapitel wollen wir darauf eingehen, wie wir mit okkulten Mächten in Berührung kommen können.

Kapitel 7: Kontaktpunkte zu okkulten Mächten

Um herausfinden zu können, ob es bei jemandem offene Türen für das Reich der Finsternis gibt, muß man auf bestimmte Anhaltspunkte in seiner Lebensgeschichte achten.

Wir leben in einer gefallenen Welt und brauchen deshalb Hilfe in einem Maß, wie sie uns kein Mensch geben kann. Deshalb suchen viele anderwärts nach Beistand, um das zu erlangen, was sie sich wünschen: Ansehen, Glück, Wissen, Liebe und Schutz oder auch Rache für erlittenes Unrecht. Gott hat gesagt, daß er alle unsere Bedürfnisse erfüllen will, wenn wir ihn und seine Gerechtigkeit suchen (Matthäus 6,33). Doch wenn Gott unsere Gebete nicht so erhört, wie wir uns das vorstellen, können wir versucht sein, an anderer Stelle Hilfe zu suchen. Das kann uns in Kontakt mit okkulten Mächten bringen. Wenn das bei jemandem geschehen ist, gibt es in seinem Leben offene Türen zum Reich der Finsternis.

Wer mit okkulten Mächten umgeht, kommt mit dem in Berührung, was Gott ein Greuel ist. In 5. Mose 18,10-12 steht: „Unter dir werde niemand gefunden, der seinen Sohn oder seine Tochter durchs Feuer gehen läßt, oder Wahrsagerei, Hellseherei, geheime Künste oder Zauberei treibt, oder Bannungen oder Geisterbeschwörungen oder Zeichendeuterei vornimmt oder die Toten befragt. Denn wer das tut, ist dem Herrn ein Greuel."

Die folgenden Beispiele zeigen, auf welch subtile Art man mit dem Okkulten in Kontakt kommen und so sein Leben für das Reich der Finsternis öffnen kann. Viele Menschen sind sich dieser Gefahren nicht bewußt.

Fernsehen, Bücher, Spiele

Ohne es zu merken, kann man durch Bücher, Fernsehprogramme und Filme, in denen Horrorszenen, spiritistische Sitzungen oder andere Formen von Zauberei dargestellt werden, mit jenen in den Bibelversen aus 5. Mose genannten „Greueln“ in Berührung kommen, genauso, als ob man persönlich an diesen Riten teilgenommen hätte. Es ist eine stellvertretende Erfahrung mit dem Okkulten, weil wir gleichsam in das „hineintreten“, was wir geschehen sehen.

Auch durch bestimmte Spiele, die wir selbst oder unsere Kinder spielen, kann man mit Okkultem in Berührung kommen. Ein gutes Beispiel dafür sind „D+D“ und „Das schwarze Auge“. Man geht mit etwas sehr Gefährlichen um, wenn man im Spielverlauf durch magische Riten oder dadurch, daß man einen Menschen oder ein Tier tötet, mehr Kraft gewinnt und stärker, weiser oder geschickter wird und dann den nächsten Kampf gewinnen kann.

Wir Menschen sind so geschaffen, daß Kräfte von außen in uns hineingelegt werden können. Aber diese Kraft darf nur von Gott und vom Heiligen Geist kommen und durch das, was Jesus am Kreuz für uns getan hat. Andere Kräfte oder andere Möglichkeiten, Kräfte zu gewinnen, sind nicht von Gott und bedeuten, daß wir uns selbst für den Feind öffnen.

Aber das ist doch nur ein Spiel, mag jemand einwenden. Das stimmt. Aber wenn wir, um bei diesem Spiel mitmachen zu können, zusätzliche Kräfte entdecken und anwenden müssen, ist das nicht mehr „nur ein Spiel“. Wir machen dann Gebrauch von übernatürlichen Kräften, die außerhalb von uns selbst liegen. Es geht dann nicht länger nur darum, nach bestimmten Regeln ein Spiel zu gewinnen.

Alkohol- oder Drogenmißbrauch

Durch Drogen an sich werden keine Türen zum Reich der Finsternis geöffnet. Wenn das so wäre, geschähe das bei jedem, der beispielsweise nach einer Operation Morphium oder verwandte Präparate bekommt oder wegen seelischer Probleme bestimmte Medikamente einnimmt. Wer jedoch Drogen nimmt oder Alkohol trinkt, um seinen Problemen auszuweichen, um Schmerzhaftes zu vergessen oder bestimmte Geschehnisse und Tatsachen zu leugnen, kommt in Kontakt mit dem Reich Satans, denn er wird dadurch vom Licht und der Wahrheit Gottes getrennt. So kommt er in ein Umfeld von Lüge, Dunkelheit und Unwahrhaftigkeit, wo sich Satan, der Vater der Lüge, wohlfühlt. Gott will uns zur Wahrheit leiten. Wenn wir uns aber beharrlich gegen die Wahrheit wehren und uns dabei Drogen oder Alkohol zuwenden, öffnen wir uns damit für den Vater der Lüge und sein Reich der Finsternis.

Wenn man jemandem helfen will, der von Alkohol oder Drogen abhängig ist oder in einer anderen Sucht steckt (so zum Beispiel, wenn jemand der Wahrheit ausweicht, indem er sich in seine Arbeit vergräbt oder ständig vor dem Fernseher sitzt), dann ist dabei fast das Schwerste, ihn dahin zu führen, daß er sich der Wahrheit stellt und sich seine Ausreden und Lügen über seinen Zustand eingesteht. Durch dieses Leugnen und Abwehren der Wahrheit entstehen offene Türen zum Reich der Finsternis.

Wenn jemand Drogen nimmt oder Alkohol trinkt, um sich in künstliche Hochstimmung zu versetzen, kann in ihm dadurch der Wunsch nach Dingen geweckt werden, die ihm den Kitzel immer größerer „Highs“ verschaffen. Das kann soweit führen, daß er es als erregend empfindet, wenn er sich auf Böses einläßt und kann zu Kontakten mit Okkultem führen.

Gott hat nichts dagegen, wenn wir uns wohlfühlen. Aber das sollte von ihm her kommen. Er sagt uns: „Sauft euch nicht voll Wein, woraus ein unordentliches Wesen folgt, sondern laßt euch vom Geist erfüllen“ (Epheser 5,18). Es gibt nichts Spannenderes und Erregenderes, als zu erleben, wie der Heilige Geist durch unser Leben wirkt!

Drogenkonsum birgt aber noch eine weitere Gefahr. Geschichtliche Dokumente belegen, daß bei heidnischen religiösen Zeremonien größere Dosen von Halluzinogenen gebraucht wurden, um die Menschen mit der unsichtbaren Welt in Kontakt zu bringen. Kolumbus berichtete von solch einer Zeremonie, die er bei einer Reise auf die karibischen Inseln miterlebte. Die Medizinmänner, also die geistlichen Führer und Heiler jener Gemeinschaften, nahmen unter Drogeneinfluß Kontakt zu ihren „geistlichen Führern“ auf.

LSD- und Haschkonsumenten berichten von ähnlichen Erfahrungen. Wenn sie „high“ waren, wurde für sie die Grenze zwischen sichtbarer und unsichtbarer Welt immer durchsichtiger. So werden Drogenkonsumenten zu einem leichten Opfer für Satan, unseren Feind. Er benutzt diese Gelegenheit, um sie anzugreifen und in seine Lügen hineinzuziehen. Und wenn jemand „high“ ist, erscheinen ihm zudem Satans Lügen immer glaubwürdiger. Das sind Erfahrungen, die in direkten Kontakt mit dem Reich der Finsternis bringen, und die im Namen Jesu widerrufen werden müssen. Bevor diese offenen Türen nicht verschlossen sind, kann der Betroffene in seinem geistlichen Leben nicht weiter wachsen.

Heavy Metal Musik

Auch durch Heavy Metal Musik kann man mit dunklen Mächten in Berührung kommen. In vielen Texten dieser Musikrichtung werden Satan oder der Satanskult, Selbstmord, Mord und anderes mehr verherrlicht. Manche Gruppen geben offen zu, daß sie, um berühmt und reich zu werden, einen Pakt mit dem Teufel geschlossen haben. Ihre Musik bringt die Zuhörer dazu, Böses für gut und erstrebenswert zu halten. Und junge, angehende Musiker wie zum Beispiel Leroy, von dem ich gleich berichten will, versuchen, nach diesem Vorbild ihre eigene Musik zu komponieren, ohne zu merken, worauf sie sich damit einlassen.

Leroy

Leroy war erst zwölf Jahre alt, als ihn seine Mutter Martha zu mir in die Beratung brachte. Sie konnte nicht verstehen, was mit ihrem früher offenen und fröhlichen Kind geschehen war. Innerhalb weniger Monate war Leroy mürrisch und düster geworden und hatte sich von seiner Familie ganz zurückgezogen. Wenn er überhaupt sprach, dann vermied er dabei jeden Blickkontakt. Er öffnete sich nur gegenüber seinen Freunden in der Schule, aber auch da war er düster und zynisch.

Er hatte einige Jahre zuvor Jesus als seinen Heiland angenommen und war in seiner Sonntagsschule und in seiner Kirche sehr aktiv gewesen. Nun wollte er mit Gott und allem, was damit zusammenhing, nichts mehr zu tun haben. Aber manchmal kam er zu Martha und kuschelte sich in ihre Arme, so als ob er sich gern wieder öffnen wolle, aber es nicht könne.

Leroy war sehr musikalisch. Er hatte zusammen mit einigen Schulkameraden eine Band gegründet. Seine Eltern freuten sich darüber, daß er seine musikalische Begabung so einsetzte. Doch dann bemerkten sie, wie er sich veränderte und waren beunruhigt. Zuerst dachten sie, das liege nur daran, daß er in die Pubertät kam. Sein eigentümliches Verhalten werde sich schon wieder auswachsen.

Doch dann fand Martha ein Notizbuch mit Texten, die Leroy vertont hatte. Sie war bestürzt, als sie diese Verse las, in denen von Selbstmord und Blutsverschreibungen gesprochen wurde und von anderen Dingen, durch die Satan verherrlicht wurde. An den Rändern waren Zeichnungen, die Dämonen und den Satan darstellten. Sein Zimmer war immer abgeschlossen und dunkel, und an den Wänden hingen Poster mit Heavy Metal Musikern. Von der Schule kam die Nachricht, daß Leroys Leistungen abfielen.

Als ich Leroy zum ersten Mal in meinem Beratungszimmer sah, wirkte er verschlossen und trotzig. Er wollte nicht hier sein! Er war nur da, weil seine Mutter ihn dazu gedrängt hatte.

Beide Eltern hatten bald nach ihrer Heirat Jesus als ihren Herrn angenommen, aber es gab Probleme zwischen ihnen. Der Vater verbrachte die meiste Zeit in dem Familienbetrieb. Beide hatten sich weit von Gott entfernt. Ihr Glaube hatte kaum noch Bedeutung für sie.

Martha hatte jedoch einige Zeit zuvor ihr Leben von neuem Gott übergeben, und sie wollte ihm von ganzem Herzen dienen. Aber ihr Mann verharrte immer noch in seiner alten Haltung. Mit den Jahren war er Martha und Leroy gegenüber immer verletzender geworden. Wo er nur konnte, setzte er Leroy herab. Je mehr Leroy sich zurückzog, desto schlimmer wurden die verbalen Mißhandlungen durch seinen Vater.

„Wir müssen Leroy helfen“, sagte Martha, nachdem ihr Sohn

mein Zimmer verlassen hatte. „Aber was kann ich tun, wenn mein Mann es ablehnt, Hilfe zu suchen?“

„Ist er dagegen, daß Sie für Leroy Hilfe in Anspruch nehmen?“

„Nein“, sagte sie. „Aber was kann ich denn ohne ihn schon tun?“

Martha nahm sich vor, morgens zu fasten statt zu frühstücken, und dann, wenn die Kinder in der Schule waren, für Leroy und die Familiensituation zu beten. Weil Leroy zu der Zeit kaum ansprechbar war, beteten Martha und ich wegen des Bösen, das in ihm am Werke war. Wir banden es und trieben es aus, und wir lösten in Leroy die Fähigkeit, eine Veränderung zu wünschen und das Böse zu erkennen, das in sein Leben eingedrungen war. Wir beteten darum auch für seinen Vater und seine Schulfreunde.

„Leroy ist noch ein Kind“, sagte ich zu Martha. „Sie sind verantwortlich für das, was Sie ihm erlauben und was er in seinem Zimmer tun darf. Sie müssen an seiner Stelle handeln. Wenn Leroy am Ertrinken wäre, was würden Sie tun?“

„Ich würde ihn aus dem Wasser ziehen“, antwortete sie.

„Würden Sie warten, bis Sie wissen, ob er auch wirklich herausgezogen werden will?“

„Nein! Ich würde ihn herausziehen und ihm das hinterher erklären.“

„Leroy ist in genauso ernsthafter Gefahr“, erwiderte ich. „Sie müssen freundlich und liebevoll, aber fest die Kontrolle über die Situation übernehmen.“

Martha entschloß sich, Leroy zu sagen, daß alles aus seinem Zimmer entfernt werden müsse, was auf Satanisches, Selbstmord, unerlaubten Sex und derartiges hinwies. Sie sagte, daß er diese Dinge selbst wegwerfen könne, wenn er aus der Schule kam. Aber wenn er es nicht könne, würde sie das für ihn tun, wenn er am nächsten Tag in der Schule war. Als Leroy dagegen protestierte, erklärte sie ihm, daß sie als seine Mutter verantwortlich sei für das, was in sein Herz und seinen Verstand hineinkäme. Sie respektiere seinen Geschmack und seine Wünsche, aber sie liebe ihn so, daß sie auch bereit sei, eine Auseinandersetzung mit ihm in Kauf zu nehmen, wenn das die einzige Möglichkeit sei, ihn aus der Richtung zurückzuholen, in die er ging.

„Leroy konnte sein Zimmer nicht selbst ausräumen“, erzählte sie mir später. „Ich hatte erwartet, daß er sehr empört wäre, wenn er nach Hause kam und sah, was ich alles aus seinem Zimmer entfernt hatte. Aber er schien tatsächlich irgendwie erleichtert zu sein, so als ob er froh sei, daß es vorüber war.“

Leroy war nun damit einverstanden, daß ich mit ihm betete und in ihm die Türen schloß, die durch seine Erlebnisse in ihm geöffnet worden waren. Langsam wandelte sich sein aggressives Verhalten, und er wurde bereit, mitzuarbeiten.

Zu dieser Zeit willigte sein Vater ein, zu einer Familienberatung zu gehen, wenn der Therapeut ein Mann war. Für einige Monate verlor ich so den Kontakt zu der Familie. Das letzte, was ich von Martha hörte, war, daß sich ihre Beziehungen innerhalb der Familie stark verändert hätten. Sie gingen nun alle wieder zur Kirche. Leroy war wieder so offen und fröhlich wie früher. Und anscheinend hatten auch seine Schulfreunde andere, gesündere Interessen gefunden.

Magische Riten

Ein weiterer Bereich, in dem es Berührungspunkte zum Okkulten geben kann, ist die Suche nach geheimen Erkenntnissen durch andere Quellen als durch die Offenbarung Gottes durch den Heiligen Geist. Dazu gehört zum Beispiel der Gebrauch eines Ouijaboards, auf dem Botschaften anhand eines Pendels buchstabiert werden; Handlesen, Lesen in Kaffeesatz, Teeblättern, Zigarettenrauch und Spielkarten oder der Gebrauch von Kristallen oder Kristallkugeln. Diese Liste könnte man immer noch weiterführen. Jedes Land und jede Kultur hat seine eigenen, besonderen Objekte dazu. Doch eins haben sie alle gemeinsam, und das ist die Suche nach einem Wissen, das normalerweise für den menschlichen Verstand nicht erreichbar ist.

Manchmal wird auch versucht, durch magische Riten in einer Liebesbeziehung eine stärkere Position zu bekommen oder die Liebe des Partners zu bewahren, oder um etwas zu finden, was verlorengegangen ist. Mit okkulten Riten wird versucht, Schutz zu erwirken oder etwas zu rächen, was einem jemand wirklich oder vermeintlich angetan hat. Und manchmal wird auf jemanden ein Fluch gelegt, der dann von Generation zu Generation weitergeht.

Alle diese Dinge öffnen im Menschen Türen zum Reich der Finsternis. Wenn du selbst Kontakt mit einem dieser Dinge gehabt hast, oder deine Eltern oder Großeltern dahinein verwickelt waren, dann müssen bei dir offene Türen geschlossen werden, die dein Wachstum und deine Entwicklung im Glauben hindern. Dann schreibe alles auf, woran du dich erinnern kannst, alles, was du selbst getan hast, oder was deine Eltern oder Großeltern getan haben. Im nächsten Kapitel werde ich zeigen, wie man dann jeden einzelnen Punkt widerrufen kann.

Wenn du irgendwann in der Vergangenheit schon einmal diese Dinge widerrufen hast, dann rühre nicht wieder daran, sondern sage Jesus nur im Gebet, daß du es noch einmal festmachen willst, daß du diese Dinge widerrufen und aus deinem Leben hinausgeworfen hast. Du bist dann bereit, die weiteren Schritte zu tun, um die es im nächsten Kapitel geht.

Manche Leute wenden ein: „Ja, ich war bei solch einer Sache dabei. Aber ich habe eigentlich gar nicht daran geglaubt. Ich bin nur mit einem Freund dahin gegangen.“ Doch das macht keinen Unterschied. Die Bibel sagt uns, daß Satan wie ein Dieb kommt. Kein Dieb wartet damit, in ein Haus einzubrechen, bis die Bewohner daran glauben, daß er ein Dieb ist. Kein Dieb geht zur Haustür, klingelt und sagt: „Guten Tag, ich bin ein Dieb. Bitte lassen Sie mich herein. Ich möchte Sie bestehlen.“ So ein Dieb würde verhungern!

Ein Dieb bricht ein, wenn man glaubt, daß alle Fenster und Türen verschlossen sind. Genauso arbeitet der Satan. Er kommt nicht erst, wenn wir ihn einladen. Er kommt, wenn wir es am allerwenigsten erwarten, wenn wir glauben, daß er überhaupt nicht in der Nähe ist. Niemand außer Jesus, dem mächtigen Sohn Gottes, kann den Dieb dazu bringen, aus unserem Leben hinauszugehen. Jesus hat durch seinen Tod und seine Auferstehung über Satan und alle seine Diener gesiegt. Aber wenn du willst, daß Jesus deine seelischen Verletzungen heilt und die offenen Türen zum Reich Satans in dir verschließt, dann mußt du ihm erst erlauben, in dein Leben hineinzukommen.

Das nächste Kapitel enthält ein Gebet, das dir dabei helfen kann, Jesus in dein Leben einzuladen, damit er die Herrschaft über jeden einzelnen Lebensbereich übernimmt. Weitere Gebete sollen dabei helfen, jeden Kontakt, den man mit okkulten Mächten gehabt hat, zu widerrufen und für die verschiedenen Lebensbereiche zu beten, um alle Türen zu verschließen, die zum Reich Satans geöffnet worden sind.

Kapitel 8: Anleitung zum Gebet

Die Gebete in diesem Kapitel zeigen, wie man sein Leben für Jesus öffnen kann, um bei ihm die Heilung und die Freiheit zu empfangen, die er geben möchte. Dabei geht es zuerst darum, Jesus in sein Leben einzuladen und ihn zum König über jeden Lebensbereich einzusetzen. Danach folgen Gebete, die dabei helfen sollen, alle Berührungen zu widerrufen, die man mit Okkultem gehabt hat. Und als letztes folgen Gebete, die dabei helfen, die Türen zum Reich der Finsternis zu schließen.

Jesus als Retter annehmen

Wenn du willst, daß Jesus deine seelischen Verletzungen heilt und die offenen Türen in deinem Leben verschließt, mußt du als erstes Jesus in dein Leben aufnehmen. Vielleicht sagst du, so wie das auch viele Leute in Kolumbien zu mir sagten: „Aber Gott ist doch immer bei mir gewesen."

Das stimmt. Gott ist immer bei dir gewesen. Er ist auch immer bei allen Hunden und Katzen und Bäumen und allem anderen gewesen, was er geschaffen hat. Aber zu uns Menschen möchte er eine viel engere und nähere Beziehung haben. Er möchte in uns leben.

Was das bedeutet, möchte ich an einem Beispiel erklären. Vor einiger Zeit war der Wasserhahn in unserer Küche undicht. Wir riefen einen Klempner an und baten ihn, den Hahn zu reparieren. Stell dir vor, wir hätten ihm, als er dann kam, gesagt, er könne nicht hereinkommen, weil die Wohnung ja schließlich uns gehöre. Er solle mit dem Arm durchs Küchenfenster langen und so den Wasserhahn reparieren. Ganz sicher tropfte dann unser Wasserhahn noch immer! Die Reparatur wäre so ganz einfach unmöglich gewesen.

Entsprechendes gilt, wenn du möchtest, daß Jesus deine seelischen Verletzungen heilt und die offenen Türen in deinem Leben verschließt. Er kann das nicht für dich tun, wenn du dein Leben nicht für ihn öffnest.

Als Gott uns Menschen schuf, so wie wir es in 1. Mose 2 lesen, machte er Adam aus der Erde des Ackers. Er blies den Lebensatem in ihn hinein, und so wurde Adam ein lebendiges Wesen. Später sagte Gott Adam und Eva, daß sie sterben würden, wenn sie Früchte vom Baum der Erkenntnis des Guten und des Bösen äßen.

Adam und Eva aßen von diesen Früchten, aber sie starben nicht, jedenfalls nicht physisch. Sie lebten weiter. Allerdings bedeutet das Wort, das wir hier mit „sterben" übersetzen, nicht „verschwinden", sondern vielmehr „getrennt werden". Wenn der Körper stirbt, dann wird er von der Seele getrennt. Man sieht das daran, daß der Körper leblos wird.

Auch bei Adam und Eva geschah eine Trennung, eine geistliche Trennung. Sie starben geistlich. Der Lebensatem, den Gott in sie hineingegeben hatte, verließ sie. Sie wurden von Gott getrennt.

Diese Trennung von Gott ist von Generation zu Generation bis hin zu uns weitergegangen. Aus diesem Grunde fühlen wir uns innerlich so leer. Diese innere Leere ist so groß und so tief, daß wir sie nicht ausfüllen können. Wir versuchen auf alle mögliche Weise, sie zu füllen: mit Autos, Häusern, Geld, Kleidung, Beruf, Familie, Kindern, Kameraden, Freunden und noch vielem anderen. Doch nichts von all dem kann sie wirklich ausfüllen, denn es ist eine gottgegebene Leere in unserem Geist. Sie kann nur durch Gott und Jesus Christus ausgefüllt werden.

Wie kann Jesus in unser Innerstes hineinkommen und die Leere ausfüllen? Er sagt uns das in Offenbarung 3,20: „Siehe, ich stehe vor der Tür und klopfe an. Wenn jemand meine Stimme hören wird und die Türe auftun, zu dem werde ich hineingehen und das Abendmahl mit ihm halten und er mit mir."

Stell dir vor, ich stünde an deiner Haustüre und klopfte an. Wenn du mich eintreten lassen wolltest, dann würdest du die Tür öffnen und mich einladen hereinzukommen. Wenn ich dir willkommen wäre, dann würdest du mich ins Wohnzimmer bitten. Wenn du mich einladen würdest, mit dir zu essen, dann würden wir uns an den Tisch setzen. Wenn du aber wolltest, daß ich Eigentümer deines Hauses werde, dann würdest du mich durchs ganze Haus mitnehmen und mir alles zeigen.

Du würdest sagen: „Hier ist dein Haus. Alles hier steht dir zur Verfügung. Sag mir, was ich tun soll. In welcher Farbe soll ich dieses Zimmer streichen? Du brauchst es mir nur zu sagen, dann mache ich es.“

Entsprechendes geschieht, wenn du dein Leben für Jesus öffnest. Jesus ist kein Dieb. Er ist höflich und rücksichtsvoll, und er tut nichts, was du nicht willst. Er dringt nirgendwo ohne Einladung ein. Er steht an der Tür deines Lebens und klopft an. Wenn du dein Leben für ihn öffnest, kommt er herein, jedoch nie ohne ausdrückliche Einladung.

Wie du Jesus in dein Leben einladen kannst? Genauso wie du mich bitten würdest hereinzukommen: indem du eine Einladung ausssprichst. Du kannst gerade jetzt zu ihm beten. Sage ihm:

„Herr Jesus, ich habe begriffen, daß ich mein Leben noch nie wirklich für dich geöffnet habe. Du bist immer bei mir gewesen, aber ich habe dich nie eingeladen, in mich hineinzukommen. Hier und jetzt gebe ich mein ganzes Leben dir zu eigen. Ich öffne dir die Türe und bitte dich, hereinzukommen und mir meine Sünden zu vergeben, alles, was ich gegen dich und gegen meine Mitmenschen getan habe.

Herr Jesus, ich möchte dir gehören. Ich möchte, daß du der Herr über mein ganzes Leben mit jedem einzelnen Lebensbereich bist. Sag mir, was du mit meinem Leben machen möchtest, und dann will ich es tun. Mache mich zu einem Kind Gottes. Danke für das, was du in mir tust. Amen.“

Kontakten mit dem Okkultem absagen

Widerrufe nun jeden Kontakt, den du mit dem Okkulten hattest. Nimm die Aufstellung zur Hand, von der ich im vorigen Kapitel gesprochen habe, und sage dich von jedem einzelnen Punkt los. Das folgende Gebet kann dir als Anleitung dazu dienen:

„Gott im Himmel, hier und jetzt widerrufe ich im Namen Jesu

jeden Kontakt mit Dingen, die dir ein Greuel sind. Ich widerrufe jeden Kontakt mit Weissagerei, Zauberei und Hexerei, allem Verfluchen, allen spiritistischen Medien, aller Befragung der Toten. Ich sage jeder nichtchristlichen Religion ab, jedem Gebrauch von Tarotkarten und Ouijaboards, allem Handlesen, aller Wahrsagerei, aller Astrologie und allen Horoskopen. Ich sage auch aller Lüge ab, allem Klatschen und dem Mißbrauch von Drogen und Alkohol. Ich widerrufe allen Kontakt zu dunklen Mächten, den meine Eltern oder Großeltern gehabt haben mögen. Herr Jesus, ich widerrufe all dies, und ich trenne mich von all dem. Jeden Bereich meines Lebens übergebe ich dir. Herr Jesus, ich bitte dich, daß du jeden Lebensbereich reinigst und alles mit deinem Heiligen Geist füllst, was von Dunklem berührt war."

Wenn nun noch etwas auf deiner Liste steht, das noch nicht erwähnt worden ist, sage dem Herrn: „Im Namen Jesu widerrufe ich jeden Kontakt, den ich mit dem Reich der Finsternis hatte, als ich .... Ich öffne diesen Bereich meines Lebens für dich, Herr Jesus. Erfülle ihn mit dem Heiligen Geist. Danke Herr, daß du mich befreist."

Die Türen zum Reich der Finsternis verschließen

Wenn du Türen zum Reich der Finsternis verschließt, mußt du dir bewußt sein, daß du es dabei mit einer Macht zu tun hast, die viel größer und stärker ist als du. Jesus hat diese Macht nur überwunden, weil er sein Leben dafür dahingab. Du kannst diese Macht nicht aus eigener Kraft überwinden. Als Kind Gottes hast du jedoch das Recht, im Namen Jesu zu kämpfen. Nur in diesem Namen kannst du den Kampf gewinnen.

Vollmacht im Namen Jesu

Jesus sagte zu seinen Jüngern: „Bisher habt ihr um nichts gebeten in meinem Namen. Bittet, so werdet ihr nehmen, daß eure Freude vollkommen sei" (Johannes 16,24). Nur im Namen Jesu von

Nazareth konnten die Jünger wirken (Lukas 10,17), und auch wir können das nur in diesem Namen.

Wenn du offene Türen verschließt, muß dir bewußt bleiben, daß sie zum Reich der Finsternis führen. Satan, der Herr dieses Reiches, will nicht, daß diese Türen verschlossen werden, weil er seinen Einfluß auf dein Leben nicht verlieren will. Deshalb finden sich oft dämonische Mächte, die wie Türhüter diese Türen schützen. Sie müssen im Namen Jesu gebunden und ausgetrieben werden, damit man an die Tür herankommen und sie schließen kann.

Jesus sagt in Lukas 11,24-26, wenn jemand von einem bösen Geist befreit worden ist, nun aber innerlich leer bleibt, dann kommt der böse Geist mit sieben noch schlimmeren Dämonen zurück, und dann wird es mit diesem Menschen noch schlimmer als zuvor. Und in Matthäus 16,19 sagt Jesus, daß alles, was wir auf der Erde binden, auch im Himmel gebunden ist, und was wir auf der Erde lösen, auch im Himmel gelöst ist. Deshalb muß man, wenn man Türen verschließt und den Türwächter bindet und hinauswirft, auch das lösen, was in diesem Lebensbereich nach Gottes Willen sein sollte, damit dieser Bereich nicht leer bleibt.

Ich will das am Beispiel des Problems „Lüge" verdeutlichen. Wenn man mit diesem Problem zu tun hat, muß man die Lüge binden und austreiben und die offenen Türen im Namen Jesu schließen. Und dann muß man die Fähigkeit lösen, so ehrlich und wahrhaftig zu leben wie Jesus, als er auf unserer Erde war.

Leute, die mit diesem Problem zu kämpfen haben, haben als Kinder vielleicht kein gutes Vorbild in ihren Eltern gehabt. Sie müssen nun jemand anderes haben, nach dessen Vorbild sie ihre Lebensformen ausrichten können. Jesus ist der einzige, dessen Vorbild sie nie in die Irre führt. Deshalb müssen sie Jesus kennenlernen, wie er in der Bibel beschrieben wird. In schwierigen Situationen müssen sie Jesus bitten, ihnen zu zeigen, was er täte oder wie er sich verhielte, um dann in seiner Kraft genauso handeln zu können.

Weil es so viele Gebiete sind, in denen es offene Türen gibt, die verschlossen werden müssen, dauert es vielleicht mehrere Wochen, bis man im Gebet durch alle Bereiche hindurchgegangen ist. Man sollte sich nicht dabei hetzen. Wenn es irgendwelche besonderen Schwierigkeiten gibt, wie zum Beispiel eine plötzliche

Woge von Ärger, dann muß man sich die Zeit nehmen, den Ärger zu binden, ihn auszutreiben und die Tür zu schließen. Andere erinnern sich während sie beten vielleicht plötzlich an eine Zeit des Kummers oder an irgendwelche schmerzvollen Erlebnisse, die zu Jesus gebracht werden müssen, damit er sie heilen kann. Manche andere können ihre Gefühle vielleicht kaum wahrnehmen und fühlen während dieser Zeit überhaupt nichts. Erst nach und nach nehmen sie kleine Veränderungen in ihrem Leben wahr. Alles, was Gott in dieser Zeit an die Oberfläche bringt, muß besonders beachtet werden.

Viele Leute bitten Gott, das in ihrem Leben zu binden, wovon sie befreit werden möchten. Aber Jesus hat gesagt, alles, was wir in seinem Namen binden oder lösen, soll gebunden oder gelöst sein. Es ist wichtig, die Autorität zu nutzen, die Jesus uns verliehen hat, statt ihn zu bitten, er möge unseren Teil übernehmen. Manche Leute scheuen sich davor, aus sich herauszugehen und ihre von Gott verliehene Autorität zu nutzen. Das ist genau das, was Satan will, denn dann kann er nicht verjagt werden. Die Autorität zu binden oder zu lösen, ist unser von Gott verliehenes Recht. Auch ein eben erst wiedergeborenes Kind Gottes hat die Vollmacht, den Namen Jesu zu gebrauchen.

Die Anleitung zum Gebet, die nun folgt, kann man für sich selbst nutzen, aber auch, um einen anderen im Gebet zu leiten. Eine Aufstellung über alle okkulten Kontakte, wie ich sie im vorigen Kapitel erwähnt habe, kann dabei sehr hilfreich sein. Wenn jemand anhand dieser Aufstellung alle Kontakte mit okkulten Mächten, die ihm bewußt sind, widerrufen hat, dann bete weiter mit ihm und verschließe im Namen Jesu alle Türen, die Satan Zugang auf sein Leben gegeben haben.

Anleitung zum Gebet

„Gott mein Herr, ich weiß, daß wir nur durch das, was Jesus für uns am Kreuz getan hat, zu dir kommen können. Durch ihn kommen wir nun zu dir. Wir berufen uns auf unser Geburtsrecht als deine Kinder, wenn wir die Autorität des Namens Jesu gebrauchen.

Herr Jesus, wenn wir nun den Kampf gegen das Reich der Finsternis aufnehmen, leite uns durch deinen Heiligen Geist. Schütze uns und alle, die uns nahestehen. Wir wissen, daß wir nur durch deinen Tod und deine Auferstehung siegen können.

Im Namen von Jesus Christus binde ich euch Türhüter und treibe euch aus, die ihr die Türen zum Satan in .... (meinem oder z. B. Stefans) Leben offenhaltet, ganz gleich, ob diese Türen von früheren Generationen überkommen oder durch eigene Erfahrungen geöffnet wurden. Ich binde euch im Namen Jesu und treibe euch aus, hinaus in die äußerste Finsternis. Satan, im Namen und in der Autorität Jesu, verlasse mit allen deinen Dienern .... (mein oder z. B. Stefans) Leben. Er gehört Jesus, und du hast kein Recht mehr auf sein Leben. Im Namen Jesu schließe ich alle Türen, die dir Zugang zu seinem Leben verschafften. Herr Jesus, bedecke all diese Türen mit deinem Blut und versiegle sie mit deinen durchbohrten Händen, damit sie nie wieder geöffnet werden können. Im Namen Jesu treibe ich alle Finsternis aus, die in .... (mein oder z. B. Stefans) Leben eingedrungen ist. Herr Jesus, komm du überall mit deinem Licht herein. Leuchte du in jeden Winkel und jede Ecke, damit keine Dunkelheit zurückbleiben kann. Danke für das, was du tust.

Herr Jesus, ich bringe dir .... (meinen oder z. B. Stefans) Geist mit allen seinen Bereichen, dem Gewissen, dem geistlichen Wahrnehmungsvermögen und der Anbetung. Im Namen von Jesus Christus binde ich euch Türhüter, die ihr in seinem Geist Türen offenhaltet, die von früheren Generationen überkommen und durch eigene Erfahrungen geöffnet worden sind. Ich binde euch und treibe euch hinaus in die äußerste Finsternis. Im Namen Jesu schließe ich alle Türen in seinem Geist und vertreibe alle Finsternis, die in ihn eingedrungen ist. Jesus bedecke diese Türen mit deinem Blut und versiegle sie mit deinen Händen, damit sie nie wieder geöffnet werden können. Komm mit deinem Licht in .... (meinen oder z. B. Stefans) Geist hinein und scheine in jeden Bereich hinein, damit keine Dunkelheit zurückbleiben kann."

Leite nun den, für den du betest, zu der folgenden Erklärung:

„Im Namen von Jesus Christus erkläre ich vor der sichtbaren und der unsichtbaren Welt, daß ich .... und jeden Bereich meines Geistes, den Satan berührt hat, dem Herrn Jesus Christus weihe, damit er darüber herrscht. Herr Jesus, komm herein und nimm deinen Thron ein. Ich erkläre dich zum König über mein Gewissen, mein geistliches Wahrnehmungsvermögen und meine Anbetung. Zeige mir, was ich in diesen Bereichen denken, sagen und fühlen soll und was ich tun und sein soll. Durch deine Gnade will ich es dann tun und sein. Zeige mir auch, was ich nicht denken, sagen, fühlen, tun und sein soll, und durch deine Gnade will ich es dann lassen."

Wenn jemand diese Erklärung nicht abgeben kann oder will, frage ihn, was ihn daran hindert. Wenn er es nicht weiß, bitte Gott, es ihm zu zeigen. Ganz gleich, was es ist, binde es und treibe es aus, und leite ihn dann nochmals zu dieser Erklärung. Danach bete weiter mit ihm:

„Herr Jesus, aufgrund dieser Erklärung bitte ich dich, daß du in jeden Bereich von .... (meinem oder z. B. Stefans) Geist hineinkommst. Vergib du, was Vergebung braucht, reinige alles, was gereinigt werden muß, und heile, was Heilung benötigt, vom Augenblick seiner Zeugung an bis hin zu diesem Augenblick. Mit dem Schwert des Geistes zerstören wir alle Stützpunkte, die der Feind in seinem Geist besetzt hielt. Bedecke du alles mit deinem Blut und mache alles so hell und strahlend, daß es dich auf deinem Thron widerspiegelt.

In deinem Namen, Herr Jesus, löse ich in seinem Geist die Fähigkeit .... (z.B. eine enge Beziehung zu Gott zu haben oder zwischen gut und Böse zu unterscheiden), so wie du das konntest, als du auf der Erde warst."

Löse so in ihm die Fähigkeit zu allem, was er bisher in den Bereichen, in denen ihr die Türen verschlossen habt, nicht tun, denken, fühlen oder sein konnte.

Wenn du für den geistlichen Bereich gebetet hast, dann bete weiter für seine Seele (Bewußtsein, Unterbewußtsein, Unbewußtsein, Gefühle und Verstand mit Erwartungen, Gedanken und Sprache). Hilf ihm, auch für diesen Bereich die Erklärung abzugeben, daß Jesus über alles der Herr sein soll, und dann löse auch hier die

Fähigkeit zu dem, was er vorher nicht tun, sagen, denken, fühlen oder sein konnte.

Bete dann auch für seinen Körper (Verstand, übriger Körper, Sexualität) und für sein Sozialleben (Herkunftsfamilie, persönliche Familie, Beziehungen zu Kirche und Freunden, Arbeit oder Ausbildung, finanzielle Lage, rassische und nationale Identität). Laß ihn für jeden Bereich die oben aufgeführte Erklärung abgeben. Nimm dir für dieses Gebet viel Zeit. Häufig kann bei einer Sitzung nur über einen einzigen Bereich gesprochen und gebetet werden.

Wenn ihr für jeden Bereich gebetet habt, dann bitte Gott, diesen Menschen ganz mit seinem Heiligen Geist auszufüllen. Binde alles Böse, das in seiner Wohnung oder seinem Haus sein mag und treibe es aus. Bitte Gott, seine Engel zu senden, damit sie ihn und seine Familie ständig umgeben und seine Wohnung oder sein Haus mit der Gegenwart Gottes ausfüllen.

Ermutige den Gesprächspartner, in der Zeit bis zu eurem nächsten Treffen auf Veränderungen achtzugeben, auch wenn sie nur geringfügig erscheinen. Wir alle möchten am liebsten große und schnelle Veränderungen sehen, aber die Bibel sagt uns, daß wir auch die kleinen Dinge, die von Gott kommen, nicht verachten sollen (Sacharja 4,10). Als Gott am Berg Horeb zu Elia sprach (1. Könige 19,11-13), da war er nicht in dem Erdbeben, nicht im Sturm und auch nicht im Feuer. Er war in dem „stillen, sanften Sausen“. Wenn wir auf kleine, unscheinbare Veränderungen achten, dann werden wir auch die großen Veränderungen sehen.

Wenn alle Türen zum Reich der Finsternis verschlossen sind, braucht man danach noch einige Zeit, um sichergehen zu können, daß keine versteckten Probleme zurückgeblieben sind. Und dann muß derjenige, der frei geworden ist, in diese neue Freiheit hineinwachsen, die Gott für ihn bereit hat. Im folgenden Kapitel werden wir auf einige der Probleme eingehen, die in dieser Zeit auftauchen können.

Kapitel 9: Die Zeit nach der Befreiung: Wie geht es weiter?

Wenn bei einem Menschen die Türen zum Reich der Finsternis verschlossen worden sind, braucht er noch einige Zeit, um in seinem neuen Leben zu wachsen. Er braucht liebevolle und einfühlsame Führung, damit er alte Gewohnheiten und Muster der Problembewältigung verändern kann. In diesem Kapitel will ich auf einige der Problembereiche eingehen, die davon berührt sein können. Zunächst möchte ich jedoch etwas ansprechen, was den Seelsorger oder Berater betrifft, der den Hilfesuchenden in dieser Zeit begleitet.

Die Gesprächszeit begrenzen

Wenn man mit jemandem arbeitet, der sehr tief verletzt worden ist, ist es gut, wenn man für jede Sitzung eine von vornherein festgesetzte, begrenzte Zeit vereinbart, weil man sonst als Berater schließlich so ausgelaugt sein kann, daß die Beziehung zu dem Hilfesuchenden möglicherweise nicht weitergeführt werden kann. Es kann auch geschehen, daß die Belastung für die Familie oder die Ehe zu groß wird, weil man nicht mehr genügend Zeit und Kräfte für sie übrig hat.

Menschen, die sehr tief verletzt sind, brauchen gewöhnlich sehr viel Zeit und Liebe, um zurechtkommen zu können. Nichtprofessionelle Berater haben dann oft das Gefühl, es sei lieblos, die Zeit zum Gespräch für jemanden, der so dringend Hilfe braucht, zu begrenzen. Das ist jedoch die einzige Möglichkeit, den anderen über die lange Zeit hin zu begleiten, die er für eine Neuorientierung braucht, und es ist deshalb auch nicht lieblos. Wenn die Leute von vornherein wissen, wieviel Zeit ihnen zur Verfügung steht, dann fühlen sie sich auch nicht zurückgewiesen, wenn ihre Zeit vorüber ist. Sie wissen ja, daß sie zu einer anderen Zeit wiederkommen können und man ihnen dann wieder zuhören und mit ihnen sprechen und beten wird. Sie werden sich dann möglicherweise auch noch an andere Verletzungen erinnern, die zuvor verdrängt gewesen waren.

Beten für jeden Augenblick

Wenn das Leben eines Menschen eine einzige Folge von schweren seelischen Verletzungen gewesen ist, kann es hilfreich sein, für jeden einzelnen Augenblick seines Lebens zu beten, damit auch die Verletzungen bedacht werden, die unter all dem anderen Bedrückenden untergegangen sind. Das wird an dem folgenden Beispiel einer jungen Frau deutlich.

Gladys

Gladys war das mittlere von neun Kindern. Die beiden Gruppen von je vier Geschwistern über ihr und unter ihr schlossen sie von sich aus. Weil sie so weder zu den Älteren noch zu den Jüngeren gehörte, fühlte sie sich vollkommen verloren. Niemand schien für sie Zeit zu haben. Sie fühlte sich von niemandem geliebt und akzeptiert. Gladys wußte überhaupt nicht, wer sie war. Sie hatte das Gefühl, daß in ihrem Körper überhaupt niemand lebte. Sie war nur eine leere Schale.

In den sechziger Jahren schloß sich Gladys der Hippiebewegung an. Zusammen mit ihrem Mann zog sie nach Kalifornien, um dort zu leben. Zehn Monate später, nach einer Zeit schlimmer körperlicher Mißhandlungen, ließ sie sich scheiden und schloß sich einer Kommune an, wo sie in Sexorgien und Drogenkonsum verzweifelt nach Liebe suchte. Aber nichts konnte ihre innere Leere ausfüllen. Nichts brachte die Person zum Vorschein, die in der Schale lebte.

Als die Kommune auseinanderbrach, lebte Gladys einige Zeit auf der Straße. Verzweifelt mühte sie sich, genug Geld für ihren Lebensunterhalt und ihre Drogen zusammmenzubekommen. Sie fühlte sich entwürdigt, schmutzig und hoffnungslos. Selbstmordgedanken plagten sie. Einige Jahre lang trieb sie von Stadt zu Stadt und von Beziehung zu Beziehung. Doch nirgends fand sie die Liebe und die Anerkennung, nach der sie sich so sehr sehnte.

Eines Tages hörte sie, daß Jesus Christus sie umwandeln könne. Noch am selben Tag nahm sie Christus als Retter an. Sie schloß sich einer Gruppe der Anonymen Alkoholiker an und hörte nach Jahren der Sucht auf, Alkohol zu trinken und Drogen zu nehmen. Aber sie konnte nicht arbeiten. Sie zog von einem möblierten Zimmer in das andere und versuchte Jesus zu vertrauen, daß er ihr genug Geld für Nahrungsmittel gab. Einmal hatte sie eine ganze Woche lang nichts als einen Laib Brot zu essen. Schließlich ging sie zu einer Kirche, wo der Pastor Mitleid mit ihr hatte. Er half ihr, Sozialhilfe zu beantragen und suchte ihr eine kleine Wohnung.

Körperlich ging es Gladys nun besser, aber es fiel ihr immer noch schwer, Gutes für sich anzunehmen. Sie haßte sich selbst für das Leben, das sie hinter sich hatte und konnte niemandem vertrauen. Sogar zu beten – was immerhin das Angenehmste war, das sie kannte – war qualvoll für sie, weil auch dabei ihr Selbsthaß immer gegenwärtig war.

Gladys konnte nur beten, wenn sie auf dem Fußboden kniete und ihren Kopf ganz nach unten beugte. In dieser Haltung betete sie zwei oder drei Stunden lang, und das drei- oder viermal am Tag. „Oh Gott“, flehte sie dann, „ich bin nur solch ein Wurm. Ich bin nicht gut. Ich kann überhaupt nichts ohne dich tun. Bitte hilf doch dieser schrecklichen Person, die ich bin. Bitte, bitte hab mich lieb. Warum sagst du mir nicht, daß du mich liebst?“

Wir brachten ihre allerschlimmsten Erlebnisse zum Herrn und verschlossen die offenen Türen zum Reich der Finsternis. Gladys war nun viel freier. Sie konnte anfangen zu arbeiten. Aber sie fühlte sich immer noch so, als ob überhaupt niemand in ihr drinnen lebte.

Gott führte mich dazu, für jeden einzelnen Augenblick in Gladys Leben zu beten. Am ersten Tag betete ich für ihr vorgeburtliches Leben. Jesus hat auch diese neun Monate der vorgeburtlichen Zeit durchlebt. Deshalb baten wir ihn, daß er hereinkam in Gladys Erfahrungen während dieser Zeit, die immer noch in ihrem

Unbewußtsein lebendig waren. Und dann baten wir ihn, alle Traumen aus dieser Zeit zu heilen.

Bei der nächsten Sitzung beteten wir für ihre ersten fünf Lebensjahre. In dieser Zeit war ihre Familie aus einer Großstadt in einen Vorort gezogen. Ihre Mutter hatte in dieser Zeit mit ihren fünf kleinen Kinder viel Arbeit gehabt, und bald waren ja auch noch weitere Kinder dazugekommen. Wir brachten die Bedürfnisse der kleinen Gladys Augenblick für Augenblick zu Jesus und baten ihn, sie zu erfüllen.

„Herr Jesus“, betete ich, „geh mit Gladys durch diese fünf ersten Lebensjahre. Wir bringen dir jeden einzelnen Augenblick vom Zeitpunkt ihrer Geburt an bis zu ihrem ersten Geburtstag. Nimm jeden Schmerz, den sie fühlte, jedes Bedürfnis, das nicht gestillt wurde, und fülle diesen Raum mit dir selbst aus. Wir bringen dir jeden Moment jeder einzelnen Minute und jeder Stunde an ihrem ersten Lebenstag. Und geh genauso durch jeden Tag, jede Woche und jeden Monat dieses ersten Jahres. In diesem Jahr war Gladys hilflos. Alles, was sie brauchte, mußten andere ihr bringen und geben. Sieh dir die Hast und den Druck an, den die Familie bei diesem Umzug auszuhalten hatte. Jesus, nimm Gladys in deine Arme und schütze sie.“

Wir sagten Jesus alles, was Gladys noch aus diesen ersten fünf Lebensjahren wußte, und brachten ihm alle Bedürfnisse dieses kleinen Kindes, die nicht gestillt worden waren.

Wenn ein Kind fünf Jahre alt ist, hat es schon eine eigene Persönlichkeit. Aber Gladys fühlte sich immer noch leer. Wir baten Jesus, ihr zu zeigen, wo die kleine Gladys in ihr versteckt war. Ich ermutigte sie sich vorzustellen, wie sie Jesus bei der Hand nahm und mit ihm durch ihr Inneres ging und mit ihm nach diesem kleinen Mädchen suchte.

„Ganz hinten in einer Ecke in mir selbst sehe ich so etwas wie einen großen, dicken Aal. Ich glaube, ich könnte unter ihn druntergequetscht sein.“

Als wir den „großen, dicken Aal“ im Namen Jesu ausgetrieben hatten, fand Gladys an der Stelle, wo er gesessen hatte, ein verletztes, zerquetschtes, kleines, vier Jahre altes Mädchen. Sie sagte dem kleinen Mädchen, daß Jesus nun für es sorgen werde; es sei nun ganz sicher und könne herauskommen. Gladys fühlte sich, als habe sie nun endlich sich selbst gefunden. Sie war emotional erst vier Jahre alt. Nun brauchte sie Zeit, um zu wachsen.

In den folgenden Wochen beteten wir in jeder Sitzung immer für den nächsten Zeitraum von fünf Jahren. Jedesmal sagte Gladys mir, was in diesen fünf Jahren im einzelnen passiert war. Wir brachten ihre Bedürfnisse aus jedem Augenblick dieser Situationen zu Jesus, damit er ihre Wunden heilte und ihre Bedürfnisse erfüllte. Und wir kümmerten uns um alles, was zusätzlich gebunden und gelöst werden mußte.

Als wir uns mit den fünf Jahren befaßten, in denen Gladys Aufenthalt in Kalifornien lag, hatte ich vor meinem inneren Auge die Vorstellung, als gingen wir durch eine total zerbombte Landschaft, die mit einer dicken Ascheschicht bedeckt war. Alles was man sehen konnte, waren zersplitterte und verbogene Balken und Träger, die einmal zu schönen Bauten gehört hatten. Nun war nichts als totale Zerstörung übriggeblieben.

Als wir im Gebet durch diese fünf Jahre gingen und die Trümmerhaufen von Gladys Erfahrungen Jesus gaben mit der Bitte an ihn, Schönes anstelle der Asche zu schaffen, sah ich mit meinen geistigen Augen, wie schöne, frische, grüne Wein- und Efeuranken die durcheinanderliegenden Balken und Träger bedeckten und so die Landschaft in Gärten und Lauben verwandelten. Dabei waren es gerade die alten Trümmerteile, die dem schönen Neuen Halt gaben. Gott war wirklich dabei, in Gladys Leben Schönes anstelle der Asche zu geben.

Übernatürliche Begabungen widerrufen

Ein weiterer Bereich, um den man sich möglicherweise besonders kümmern muß, wenn man mit Leuten arbeitet, die offene Türen zum Reich der Finsternis hatten, sind übernatürliche Begabungen, die nicht von Gott kommen. Bei Gladys gab es auch dieses Problem.

Gott gibt seinen Kindern geistliche Begabungen, um sie für die Aufgaben zu befähigen, die er ihnen stellt (Römer 12,6-8;

1. Korinther 12). Es gibt aber auch falsche Gaben, die vom Kontakt mit dem Reich der Finsternis herrühren. Diese Begabungen müssen zurückgewiesen und widerrufen werden.

Die Bibel nennt bestimmte Merkmale, an denen wir Gaben von Gott erkennen können. Eines dieser Unterscheidungsmerkmale sind die Auswirkungen, die ihr Gebrauch auf den Träger der Gabe hat und auf diejenigen, für die diese Gabe gebraucht wird. In 1. Korinther 14,3 sagt Gott, daß seine Botschaft „Erbauung, Ermahnung und Tröstung" bringt. Wenn eins dieser Merkmale fehlt, ist mit der Botschaft etwas nicht in Ordnung.

Gladys konnte anderen nicht vertrauen. Sie konnte große Menschenmengen nicht ertragen. Sogar zur Kirche zu gehen, brachte sie in Todesangst. Sie fühlte sich überall von Bösem umgeben. Für sie mußte alles sehr streng geregelt und geordnet sein, damit das Böse draußen blieb.

„Ich sehe in die Leute hinein", sagte sie mir. „Ich sitze in der Kirche und sehe, daß der eine überkritisch ist, ein anderer Krach mit seiner Frau hat, noch ein andrer voller Ärger ist und viele bedrückt und niedergeschlagen sind."

„Siehst du jemals auch etwas Gutes in den Leuten?" fragte ich.

„Nein, es gibt einfach niemanden, der gut ist. Alle tragen Böses in sich", antwortete sie. „Ich kann es in ihnen sehen."

„Meinst du, daß du wirklich in sie hineinsehen und erkennen kannst, wie ihr Leben aussieht?"

„Ja, und das ist schrecklich."

„Erkennst du nie auch die Güte und die Vergebung Gottes in diesen Menschen?"

„Nein, ich sehe nur das Böse und Schlechte."

„Sag mir, Gladys, was bewirkt dieses ‚Wissen' über das, was in den Leuten vorgeht, in dir? Ermutigt und stärkt es dich? Oder tröstet es dich?"

„Nein", schrie sie auf. „Es verletzt mich und es macht mich ganz elend."

„Gladys", sagte ich ihr, „das kommt nicht von Gott. Gott gibt seine Gabe, Gutes und Böses unterscheiden zu können, wenn wir in irgendeiner Situation verstehen müssen, was vor sich geht. Aber dieses Verstehen kommt durch die Kraft des Heiligen Geistes. Es ist ein Wissen, das wir in unserem Geist sehen oder spüren, nicht etwas, das wir direkt sehen oder fühlen. Und Gottes Gabe läßt uns auch das Gute in den anderen erkennen. Er gibt uns nicht die Kraft, in andere hineinzublicken und nur das Böse in ihnen zu sehen. Bist du bereit, diese falsche Gabe aufzugeben?"

Gladys zögerte einen Augenblick. Als sie jetzt vor die Entscheidung gestellt war, merkte sie, daß sie mit dieser Gabe auch eine gewisse Macht über die anderen aufgeben müßte. Von der Last frei zu werden, kostete sie auch etwas. Wollte sie auf diese Macht verzichten?

„Ja", seufzte sie schließlich, „ich bin bereit, die Gabe aufzugeben. Ich kann so nicht mehr leben." Gladys sagte sich im Namen Jesu von dieser falschen Gabe los. „Herr", betete sie, „ich will nur deine Gaben haben. Ich will nur noch das über die Leute wissen, was der Heilige Geist mir zeigt. Ich sage mich los von jeder anderen Form übernatürlicher Erkenntnis. Ich akzeptiere, daß ich ein ganz normaler Mensch mit den natürlichen, menschlichen Begabungen und Kräften bin, so wie du mich gewollt hast."

Nach dieser Absage verlor Gladys ihre Fähigkeit, in andere hineinzusehen. Doch weil sie so sehr auf Böses fixiert gewesen war, konnte sie noch immer nichts Gutes in anderen erkennen. So löste ich in ihr die Fähigkeit, in anderen und in sich selbst Gutes zu sehen und zu schätzen. Gladys mußte lernen, ihre Gedanken in Zucht zu halten, jeden negativen Gedanken gefangenzunehmen und ihn zu Jesus Christus zu bringen, damit er darüber herrsche (2. Korinther 10,5). Nur so konnte sie positive Denkgewohnheiten entwickeln und in anderen und in sich selbst Gutes sehen.

Die Bibel berichtet immer wieder davon, daß Gott direkt zu Menschen spricht. Auch heute noch macht er das. Wenn jedoch eine Botschaft nicht für die Nachfolge Jesu stärkt und ermutigt, oder wenn sie nicht tröstet, fehlen ihr die Kennzeichen der Botschaften Gottes und muß zurückgewiesen werden. Was Gott sagt, gibt auch nie einem Menschen Macht über andere. Seine Botschaften bringen wahre Freiheit.

Beten lernen

Viele Menschen müssen, wenn sie befreit und geheilt wurden und in ihnen die Türen zum Reich der Finsternis verschlossen worden sind, ganz neu beten lernen. Das heißt nicht, daß sie vorher nicht gebetet haben. Aber viele unserer Gebete sind so vage, daß wir nie feststellen können, ob sie erfüllt worden sind oder nicht. Aus irgendeinem Grund scheinen wir Angst davor zu haben, konkret zu beten. Das war auch bei Gladys so.

Gladys betete stundenlang, um, wie sie es ausdrückte, Kontakt mit Gott zu bekommen. Wenn sie nicht drei- bis viermal pro Tag solch eine Gebetszeit hielt, hatte sie das Gefühl, ihre Verbindung zu Gott zu verlieren. In ihrem Gebet wiederholten sich ständig die gleichen Sätze: „Gott, ich bin so schrecklich. Ich bin nicht gut. Bitte hilf mir. Warum hilfst du mir nicht? Warum liebst du mich nicht?"

„Gladys", sagte ich ihr eines Tages, „als der Blinde in Jericho Jesus rief, fragte Jesus ihn: ‚Was willst du, das ich für dich tun soll?' (Markus 10, 46-52). Wenn Jesus in diesem Augenblick zu dir käme und dich fragte: ‚Was willst du, das ich dir tun soll?', worum würdest du ihn dann bitten?"

Nach einigem Nachdenken sagte Gladys: „Ich würde sagen: ‚Ich möchte fühlen, daß ich Verbindung zu dir habe.'"

„Gut", gab ich zurück. „dann laß uns ihn fragen, warum du dich nicht mit ihm verbunden fühlst."

Gladys hatte Schwierigkeiten, Gott etwas so direkt zu fragen. Nach einigen vergeblichen Versuchen schrie sie auf: „Aber wie soll ich ihn das denn fragen?"

„Frag ihn einfach so, wie du mich fragen würdest. Sage: ‚Gott, was hindert mich daran, mich mit dir in Kontakt zu fühlen? Was für ein Hindernis ist in mir, das mich deine Liebe nicht fühlen läßt?'"

Gladys schrieb sich dieses Gebet auf, damit sie in der folgenden Woche immer wieder für dieses spezielle Problem beten konnte. In dieser Woche zeigte Gott ihr eine immense innere Unbeweglichkeit und Strenge. Dies hinderte sie daran, sich auf etwas einzulassen, was nicht genau mit ihren Erwartungen und Vorstellungen übereinstimmte. Wenn Gott ihren Tag nicht genau so ablaufen ließ, wie sie es erwartete, fühlte sie sich ungeliebt und von ihm getrennt. Nach ihrer Befreiung lernte Gladys Schritt für Schritt, darauf zu vertrauen, daß Gott sich um all die kleinen Geschehnisse ihres Alltags kümmerte, auch wenn nicht alles so lief, wie sie es sich vorstellte.

Gefühle und Bedürfnisse kennenlernen

Gladys konnte immerhin noch in Worte fassen, wovon sie meinte, daß sie es von Jesus brauche. Andere, wie zum Beispiel Jake, können so von ihren eigenen Gefühlen abgeschnitten sein, daß sie nicht ausdrücken und sagen können, was sie brauchen.

Jake

Jake kämpfte darum, von einer Macht frei zu werden, die ihn seit Jahren versklavt hielt. Er fühlte, daß irgendwo tief in ihm eine böse Macht verborgen war, die ihn wie eine Marionette kontrollierte. Wenn dieses Böse bestimmte „Schalter“ in ihm betätigte, gerieten Jakes Gedanken und Handlungen völlig außer Kontrolle. Diese Bindungen hielten Jake in der Skaverei und nahmen ihm die Freude daran, Gott zu dienen.

Als wir uns mit seinen Traumen und seinen offenen Türen befaßt hatten, fühlte er sich freier als jemals zuvor. Aber obwohl er dafür fastete und betete, wurde der „Hauptschalter“ nicht zerstört, und das Böse verließ ihn nicht. Dabei konnte Jake nicht einmal sagen, was genau dieses Böse war und worin jener „Hauptschalter“ konkret bestand.

Eines Tages fragte ich Jake: „Wenn Jesus zu dir käme und dich fragte: ‚Jake, was willst du, das ich für dich tun soll?‘, was würdest du ihm dann antworten?“

Jake dachte lange nach. „Ich weiß es wirklich nicht“, antwortete er langsam. „Es gibt so viele Dinge, die ich brauche.“

„Stell dir vor, Jesus käme zu dir“, sagte ich ihm. „du kannst ihn um eine Sache bitten, um das Allerwichtigste in deinem Leben. Worum würdest du ihn bitten?“

Ich erwartete, nun so etwas zu hören, wie: „Bitte jag das Böse aus mir heraus“ oder „Bitte zerstör diesen Hauptschalter in mir“ oder „Ich möchte frei sein“.

Nochmals dachte Jake lange Zeit nach. Dann antwortete er: „Ich glaube, das was ich gerade am dringendsten brauche, ist Geld, um meine Wohnung zu renovieren oder um ein neues Auto zu kaufen.“

„Aber wie ist das mit deiner Gebundenheit? Wie ist das mit diesem Hauptschalter, durch den du kontrolliert wirst?“ fragte ich ihn.

Wieder dachte Jake lange nach. „Ja? Was ist damit?“ fragte er dann zurück.

„Nun, worum würdest du Jesus in dieser Beziehung bitten?“

„Ich weiß es nicht. Du mußt es mir sagen. Worum soll ich ihn bitten?“

Obwohl Jake schon seit vielen Jahren Christ war und aktiv in seiner Gemeinde mitarbeitete, konnte er nicht verstehen, was Jesus mit seiner tiefen Gebundenheit zu tun hatte. Bevor Jake verstehen konnte, daß er Gott um Befreiung bitten konnte und sollte, mußte er erst einmal seine inneren Bedürfnisse erkennen und in Kontakt kommen mit seinen Gefühlen. Er brauchte Befreiung für seinen Verstand und seinen Geist.

Wenn wir in der folgenden Zeit für seine alltäglichen Probleme beteten, lernte Jake, konkreter für das zu bitten, was er fühlte und brauchte. Manchmal, wenn seine Gebete wieder um alles mögliche kreisten, nur nicht um das Problem, für das er eigentlich beten wollte, mußte ich ihn wieder erinnern: „Worum möchtest du Gott in bezug auf deine Schwierigkeiten bitten?“

„Oh“, sagte er dann, nachdem er eine Weile nachgedacht hatte, „ich glaube, ich habe wieder drumherumgebetet.“ Nun nach seiner Befreiung konnte Jake in seinem Gebetsleben wachsen.

Bedürfnisse vor Gott bringen

Manche Menschen scheuen sich, konkret zu beten, weil sie meinen, ihre Bedürfnisse seien zu geringfügig, um einen so großen

Gott damit zu behelligen. Dabei weiß Gott doch wirklich alles. Er weiß, was sie brauchen. Warum sollten sie ihn dann nicht darum bitten?

Ein Pastor beklagte sich einmal bei mir darüber, daß sein Gehalt, das er von seiner Gemeinde bekam, so niedrig war, daß er nicht einmal genug Geld hatte, um sich ein neues Paar Schuhe zu kaufen.

„Gott hat uns versprochen, daß er all unsere Bedürfnisse ausfüllen will, wenn sein Reich für uns das Wichtigste ist", versicherte ich ihm. „Hast du mit Gott über deine Bedürfnisse gesprochen?"

„Ja, ich habe darüber gebetet."

„Wie hast du darüber gebetet?"

„Ich habe Gott gebeten, alle meine Bedürfnisse auszufüllen."

„Hast du jemals etwa so gebetet: ‚Gott, ich bin dein Kind. Ich brauche ein Paar Schuhe. Bitte gib mir ein Paar.'"

„Nein", antwortete er ganz entsetzt, „ich würde Gott nie um so etwas bitten!"

„Warum nicht? Er ist dein Vater; aber er ist nicht so, wie dein irdischer Vater war. Er ist so, wie dein irdischer Vater hätte sein sollen. Wenn du Gott nie um etwas Bestimmtes bittest, woher willst du dann wissen, wie er darauf antwortet? Und wie kannst du ihm dann für etwas ganz Bestimmtes danken? Wage es, ihn zu bitten, und paß auf, was dann passiert."

Zwei Wochen danach dankte jener Pastor Gott für seine neuen Schuhe.

Gott um etwas ganz Konkretes zu bitten, ist für Menschen, die sehr tief verletzt worden sind, oft unglaublich schwer. Es ist so viel einfacher, sich hinter allgemeinen, unbestimmten Bitten zu verstecken und nie seine wahren Gefühle und Wünsche zu zeigen. Wenn sich aber jemand erst einmal zu dieser Offenheit gegenüber Gott durchgerungen hat, dann macht er oft ganz erstaunliche Fortschritte in seinem Glaubensleben.

Wenn wir die neue Freiheit erlangt haben, die Gott in Jesus für uns bereit hat, und wir dann beginnen, andere im Namen Jesu in dieselbe Freiheit zu führen, dann muß uns dabei bewußt bleiben, daß es Grenzen für unsere Hilfsmöglichkeiten gibt. Darauf möchte ich im nächsten Kapitel näher eingehen.

Kapitel 10: Grenzen der Hilfsmöglichkeiten

Der Gedanke, im Leben von problembeladenen Menschen offene Türen zum Herrschaftsbereich der Finsternis zu schließen, ist wahrscheinlich vielen Lesern vollkommen neu. Deshalb wird es sicher auch sehr unterschiedliche Reaktionen auf dieses Buch geben.

Wie ich schon mehrfach erwähnt habe, fallen wir Menschen in dem, was wir tun, leicht in Extreme. Nur Gott ist immer in allem ausgewogen. Er schwankt nicht ständig von einer Seite zur anderen wie wir. Diese Neigung, stets nach links oder rechts zu taumeln, scheint zu unserem gefallenen Menschsein dazuzugehören.

Das zeigt sich besonders, wenn wir etwas Neues kennenlernen. Nur zu leicht lehnen wir es dann entweder rigoros ab, oder wir sehen es als Lösung all unserer Probleme an und versuchen, es auf jede erdenkliche Situation anzuwenden, ohne noch zu überlegen, ob das wirklich nötig und möglich ist. Wir sind manchmal so von der neuen Idee überzeugt, daß wir alles über Bord werfen, was wir bisher getan oder für richtig gehalten haben. Wenn sich dann jemand unserer neuen Anschauung nicht ebenso begeistert anschließt wie wir, bezeichnen wir ihn dann leicht als „ungläubig" und lehnen es ab, überhaupt noch auf ihn zu hören.

Das entgegengesetzte Extrem ist zu denken: „Ich habe von dieser Sache noch nie gehört. Da ist bestimmt etwas Faules dran." Wir sind dann so mißtrauisch, daß wir uns nicht einmal mehr darauf einlassen, das Neue wirklich zu hören oder zu prüfen. Es mag uns demütigend erscheinen, daß wir dieses Neue nicht schon längst gekannt haben. Statt unser Defizit einzugestehen, versuchen wir dann, den Haken an der neuen Idee zu finden, der uns dann rechtfertigt, alles zu verwerfen und der Sache auszuweichen.

Nur wenige schaffen es, in der Mitte des Weges zu bleiben, indem sie Neues anwenden, wenn es hilfreich ist, sich dabei aber bewußt zu bleiben, daß es kein Allheilmittel für alle unsere Probleme und

Krankheiten gibt. Solange wir auf dieser Erde leben, gibt es nichts, was alle unsere Probleme beseitigen könnte.

Türen zum Reich der Finsternis zu verschließen, hilft einigen Leuten, von Versuchungen und Problemen frei zu werden, die sie nicht überwinden konnten. Trotzdem ist das nicht die „letzte Antwort“ auf alle seelischen und geistlichen Probleme. Bevor Jesus Christus wieder auf diese Erde kommt und alles neu macht, gibt es keine „letzten Antworten“. Das zeigen auch die folgenden Beispiele von Menschen, die noch zusätzliche Hilfe brauchten.

Physische Defizite

Wir Menschen sind aus Erde geschaffen worden, und eines Tages werden wir wieder zu Erde werden. Unser Körper ist vom Sündenfall mitbetroffen. Trotzdem sind bei den allermeisten Menschen die komplizierten Vorgänge im Gehirn im Gleichgewicht, und ihr Denken ist gesund. Bei manchen Menschen sind jedoch die Stoffwechselvorgänge im Gehirn aus dem Gleichgewicht geraten, und deshalb ist ihr Denken abnormal.

Dasselbe gilt für andere körperliche Leiden. So kann beispielsweise der Organismus eines Diabetikers nicht genug Insulin produzieren, um den Zucker abzubauen, der in den Nahrungsmitteln enthalten ist. Durch die Einnahme von Insulin kann dieser Mangel ausgeglichen werden, und der Betroffene kann dann ein fast normales Leben führen. Genauso kann ein Ungleichgewicht oder ein Defizit der körpereigenen chemischen Substanzen, die für die Funktion des Gehirns nötig sind, Krankheiten verursachen. Dafür sollen einige Beispiele folgen.

Manisch-depressive Stimmungsschwankungen

Bei manchen Menschen produziert das Gehirn die für seine Funktion notwendigen chemischen Substanzen nicht im richtigen Gleichgewicht. Sie haben dann ihre Stimmungen nicht unter Kontrolle. In einem Augenblick fühlen sie sich so überglücklich, als schwebten sie auf Wolken. Dann auf einmal ändert sich ihre Stimmung, und sie fühlen sich abgelehnt und als Versager. Die ganze Welt sieht schwarz aus. Kein Beten und auch nicht die Erinnerung daran, wie schön die Welt gestern oder letzte Woche noch für sie ausgesehen hat, kann ihnen dann helfen. Wieder wird das am Leben von Gladys deutlich.

Gladys hatte mehrere Jahre lang Medikamente in hoher Dosierung eingenommen. Als sie ihre seelischen Verletzungen Jesus gebracht und er sie geheilt hatte, und als wir die Türen zum Reich der Finsternis in ihr verschlossen hatten, konnte ihr Arzt zwei der Medikamente absetzen.

Doch das war Gladys nicht genug. Sie versuchte, auch ein drittes Medikament wegzulassen. Prompt begannen ihre Stimmungen wieder extrem zu schwanken. An einem Tag war sie überzeugt, daß sie nie wieder etwas bedrücken könnte, aber am nächsten Tag sah die ganze Welt für sie vollkommen düster aus. An einem Tag fühlte sie sich ganz eng mit Gott verbunden, aber am nächsten Tag fühlte sie sich von ihm zurückgewiesen und verlassen. Sie wollte das selbst nicht, und sie kämpfte mit ihren Gefühlen und betete dagegen an. Sie wollte, daß Gott sie völlig heilte.

„Sieh einmal, Gladys", sagte ich schließlich zu ihr, „Gottes erster Plan für dich war, daß du im Paradies leben solltest, wo es keine Krankheit gab. Er wollte, daß du vollkommen gesund wärest und keinerlei Medikamente brauchtest. Aber wir leben nicht im Paradies. Wir leben in unserer Welt, und es gibt hier eine Menge Krankheiten. Wenn du Diabetikerin wärest, würdest du dann Insulin nehmen?"

„Ja, natürlich", sagte sie.

„Betrachte einmal dein Medikament als etwas entsprechendes", sagte ich ihr. „Wenn Gott vielleicht eines Tages auch diese Stoffwechselstörungen in deinem Gehirn heilt, dann kannst du es absetzen. Und in der Zwischenzeit können wir Gott dankbar sein, daß es Medikamente gibt, die dir helfen, normal zu leben."

Als Gladys ihr Medikament wieder einnahm, gingen ihre Stimmungsschwankungen wieder zurück.

Gladys hatte eine Reihe schwerer Traumen erlitten, die tiefe seelische Wunden und viele offene Türen in ihr bewirkt hatten. Als

Jesus sie an dieser Stelle geheilt hatte und die offenen Türen verschlossen worden waren, änderte sich ihre gesamte Lebenseinstellung. „Ich habe mich von einem kleinen, verletzten Häschen in eine vollständige Persönlichkeit verwandelt", sagte sie.

Neben den Traumen und den offenen Türen bestand bei ihr jedoch auch noch eine Störung des Gehirnstoffwechsels, die behandelt werden mußte. Es wäre grausam gewesen, ihr zu sagen oder verstehen zu geben, sie müsse nur richtig glauben, damit ihre Stimmungsschwankungen sich stabilisierten.

Zwanghafte Verhaltens- und Denkmuster (Obsessive Compulsive Disorder)

Wenn eine der chemischen Substanzen, die das Gehirn produziert, zu stark abgebaut wird, dann wiederholen sich bestimmte Gedankengänge immer von neuem, trotz aller Bemühungen, sie unter Kontrolle zu bekommen. Marian und Josie waren von diesem Problem geplagt.

Marian

Marian war völlig am Ende. Sie konnte einfach nicht zum Schlafen kommen. Immer wieder fragte sie sich, wenn sie abends im Bett lag, ob sie auch wirklich das Gas ausgedreht hatte. Man stelle sich vor, sie würde am anderen Morgen ihre Katzen tot in der Küche finden, nur weil sie nicht noch einmal aufgestanden war und ein letztes Mal das Gas kontrolliert hatte! Sie hatte es schon sechs Mal kontrolliert, bevor sie zu Bett gegangen war. Jedes Mal war es ausgestellt gewesen, aber es könnte ja vielleicht sein, daß sie es doch nicht richtig gemacht hatte.

Am Ende nahm sie sich vor, an diesem Abend nicht noch einmal aufzustehen und das Gas zu kontrollieren. Sie wollte darauf vertrauen, daß Jesus für ihre Katzen sorgte. Sie wollte endlich diese ganze Verrücktheit beenden! Aber... die armen Katzen würden das Gas einatmen, und dann würden sie sterben! Sie konnte es nicht länger aushalten. Sie warf ihre Decken zurück und eilte in die Küche. Welche Erleichterung! Das Gas war ausgedreht! Die Katzen würden nicht sterben!

Marian kuschelte sich wieder in ihr Bett, und war endlich dabei einzuschlafen. Gott sei Dank, das Gas war abgestellt. Nun konnte sie in Ruhe schlafen. Aber ... konnte es nicht sein, daß sie es doch nicht richtig gemacht hatte? Hatte sie den Schalter wirklich ganz zurückgedreht? Vielleicht sollte sie doch noch einmal nachschauen, damit sie sicher sein konnte, daß sie den Schalter wirklich ganz zurückgedreht hatte. Vielleicht konnte nur so wenig Gas ausströmen, daß sie es im Schlafzimmer nicht merkte, aber die Katzen in der Küche starben. Sie wäre dann schuld daran, daß die Katzen leiden mußten, nur weil sie einfach zu faul war, noch einmal aufzustehen und nachzusehen. „O Gott, hilf mir!" stöhnte sie.

Aus purer Verzweiflung kam Marian schließlich zu mir in die Beratung. Sie erzählte mir, daß es immer Stunden dauerte, bis sie soweit war, ins Bett gehen zu können. Jedes Fenster mußte an drei Stellen kontrolliert werden, damit sie sicher sein konnte, daß es auch wirklich geschlossen war. Auch die Türen mußten immer wieder in ganz bestimmter Weise überprüft werden. Mit dem Gas dauerte es am längsten. Zuerst mußten die Einstellknöpfe abgezogen und die Schlitze in den Wellen darunter ganz genau ausgerichtet werden. Aber wenn die Knöpfe wieder aufgesteckt waren, hatten sich die Wellen darunter vielleicht schon wieder verstellt, und deshalb mußten die Knöpfe noch einmal abgezogen und die Schlitze genau ausgerichtet werden. Marian wollte das alles eigentlich gar nicht tun, sie konnte nur einfach nicht damit aufhören.

Im Leben von Marian gab es viele seelische Wunden. Als sie noch ein Kind gewesen war, war ihre Mutter tödlich verunglückt. Ihr Vater und ihr Bruder hatten viele zwanghafte Verhaltensweisen, was in der Familie große Spannungen verursachte. In ihrer verzweifelten Suche nach Hilfe hatte sie es auch mit okkulten Riten versucht, aber nichts hatte geholfen. Wir brachten Marians seelische Wunden zu Jesus und verschlossen die offenen Türen in ihrem Leben. Das brachte ihr ein Stück weit inneren Frieden, aber es durchbrach nicht die allabendliche Prozedur, die Türen, die Fenster und das Gas zu kontrollieren.

Ich drängte Marian, zu einem Arzt zu gehen, um sich Medikamente verschreiben zu lassen. Doch sie wollte das nicht. „Ich möchte, daß Gott mich heilt. Habe ich denn wirklich nicht genug Glauben, um ganz geheilt zu werden? Wäre das nicht ein schlechtes Zeugnis, wenn ich, ein Kind Gottes, Medikamente einnehmen müßte?"

„Warum sollte das ein schlechtes Zeugnis sein?" fragte ich sie. „Es hieße einfach, daß du ein menschliches Wesen mit einem menschlichen Körper bist, der eines Tages wieder zu Erde wird. Ist die Art und Weise, wie du jetzt lebst, ein besseres Zeugnis von der Liebe Gottes? – Vergleiche es einfach einmal damit, Insulin zu nehmen. Die Medikamente, die du brauchst, versorgen dein Gehirn mit den Stoffen, die es braucht, damit sich deine Gedanken nicht ständig wiederholen. Wenn Gott dich vielleicht später einmal von dieser Krankheit heilt, dann kannst du diese Medikamente ja wieder absetzen. Aber in der Zwischenzeit kannst du ein ganz normales Leben führen und Gott dafür danken, daß er dich liebt und dir hilft. Dies ist deine Gelegenheit, zu erfahren, wie Gott dich mitten in deinen Schwierigkeiten tröstet und versorgt."

Die Medikation wirkte bei Marian sehr schnell. Innerhalb einer Woche verloren ihre Gedanken an das Gas an Gewicht. Manchmal dachte sie noch an die Katzen, aber die Gedanken waren nicht mehr so bedrückend. Als sie einen Monat lang ihre Medikamente genommen hatte, waren die zwanghaften Gedanken verschwunden. Wie lobte sie Gott für ihre neue Freiheit!

Bei Marian war von Anfang an klar gewesen, daß sie zwanghafte Gedanken hatte. Das war leicht von ihren Traumen und offenen Türen zu unterscheiden. Andere Fälle sind nicht so offensichtlich, zumal zwanghaftes Denken oft religiöse Inhalte hat. Bei Josie war es schwerer zu erkennen, was bei ihr vor sich ging.

Josie

Josie gehörte zur Geschäftsführung einer großen, internationalen Firma. Sie war in ihrem Beruf sehr erfolgreich und zeichnete sich vor vielen anderen aus. Doch Josie fühlte sich verloren. Sie hatte zwar Freunde und Bekannte, aber niemanden, der sie wirklich liebte. Mit jedem Jahr, das vorüberging, wuchs ihre Verzweiflung.

Es wurde bei ihr zum Zwang, nach einem Freund oder einem Ehemann zu suchen. Sie hatte das Gefühl, nicht ohne einen Mann leben zu können. Wenn sie dann einmal einen Freund hatte, bombardierte sie ihn mit Anrufen, nur um sich zu vergewissern, ob er nur für sie da war und nicht mit einer anderen Frau ausging. Das brachte sie in viele ungute Situationen.

Josie konnte nicht glauben, daß Gott sie liebte. Für sie war er weit entfernt, wenn er überhaupt existierte. Sie hatte versucht, ihn zu erreichen, aber sie konnte ihn nicht finden. Sie hatte das Gefühl, daß er andere liebte und wundervolle Dinge für sie tat, aber für sie tat er nichts. Sie konnte einfach nicht glauben, daß er für sie da war.

Als ich Josie nach ihrer Kindheit fragte, beharrte sie darauf, daß es in ihrem Leben keine ungeheilten seelischen Traumen gab. Trotzdem gab es da einige ungeklärte Punkte. Josies Vater starb, als sie fünf Jahre alt war. Ihr Vater hatte während des Urlaubs so schwere Kopfschmerzen bekommen, daß die Familie deswegen ihre Reise abbrechen mußte. Die Untersuchungen zeigten dann, daß er einen bösartigen Gehirntumor hatte, und er starb innerhalb einer Woche.

Einige Jahre später heiratete ihre Mutter einen Mann, der auch Kinder mit in die Ehe brachte. Nun hatte Josie zwei Schwestern und einen Bruder mehr. Sie fühlten sich alle glücklich in ihrer neuen Familie, und sie liebten das neue Baby, das bald ankam. Josie war so glücklich, einen neuen Vater zu haben. Dieses Glück währte einige Jahre, aber dann starb auch ihr zweiter Vater.

„Hast du je den Tod deiner Väter betrauert?“ fragte ich Josie.

„Nein“, gab sie zurück, „an das erste Mal erinnere ich mich kaum noch, und beim zweiten Mal war ich schon erwachsen und konnte verstehen, daß er sehr krank war. Es tat mir nur leid wegen meiner Mutter.“

„Aber wie hast du dich gefühlt? Was ist aus deinem Kummer geworden?“

„Oh, das war schon in Ordnung. Ich habe es akzeptiert.“

„Aber was ist aus dem Kummer geworden? Was ist damit

geschehen, als du den Tod deines Vaters akzeptiert hast? Dein Kummer konnte sich nicht einfach verflüchtigen."

Josie konnte diese Frage nicht beantworten. Wir entdeckten auch, daß sie keine Erinnerungen an die Jahre hatte, die zwischen dem Tod ihres ersten Vaters und dem Auftauchen ihres zweiten Vaters lagen. Als wir ihre Traumen zu Jesus brachten, schien das ihre Probleme nicht zu verändern. Wir beteten und wir verschlossen offene Türen in ihrem Leben, aber all das schien überhaupt nichts in bezug auf ihre Probleme zu bewirken. Nichts schien sie in engeren Kontakt mit Gott zu bringen. Auch als Gott einige ihrer Bitten sehr konkret erhörte, war sie nicht fähig zu glauben, daß er etwas Gutes für sie tue.

Ich empfahl ihr, bei einem Arzt eine Untersuchung auf zwanghaftes Denken vornehmen zu lassen. Zuerst lehnte sie das ab.

„So schlecht geht es mir nicht", beharrte sie. „Ich komme ja recht gut zurecht. Wenn ich nur damit aufhören könnte, diese dummen Anrufe zu machen, dann wäre ich vollkommen in Ordnung."

„Josie", antwortete ich, „auch wenn man sonst ganz gut zurechtkommt, kann man zwanghafte Gedanken haben. Viele sehr erfolgreiche Menschen haben dieses Problem. Es wäre gut, es wenigstens zu überprüfen, damit wir ausschließen können, daß du da Probleme hast."

Zuerst war der Arzt überhaupt nicht überzeugt, daß bei ihr ein Fall von zwanghaftem Denken vorlag. Aber er wollte versuchen, wie sie auf die Medikamente ansprach. Josie schloß sich außerdem einer Selbsthilfegruppe an, in der Leute zusammenkamen, die in süchtigmachenden Beziehungen zu anderen lebten.

Innerhalb einiger Wochen wandelten sich Josies Gedanken. Sie fand tief in sich verborgen ein kleines Mädchen, das sich verzweifelt an seinen ersten Vater klammerte und versuchte, ihn so zu lieben, daß er sie nie verließ. Als sie lernte, dieses kleine Mädchen zu trösten und sich für die Liebe Jesu zu öffnen, begann sich ihr Leben zu wandeln.

Die Medikation durchbrach den Kreislauf ihrer zwanghaften Gedanken. Nun konnten wir endlich ihre Verletzungen erreichen und sie zu Jesus bringen. Allmählich begann sie zu begreifen, wie verkehrt ihre Vorstellung von Gott war. Bevor nicht ihr Gehirn durch die Medikamente mit den chemischen Substanzen versorgt worden war, die es brauchte, hatten wir eine Reihe ihrer seelischen Traumen nicht erreichen können.

Zeitlich begrenzte medikamentöse Hilfe

Wenn ein Christ hinfällt und sich ein Bein bricht, dann läßt er sich selbstverständlich einen Gipsverband anlegen, damit der Knochen heilen kann. Er sagt nicht: „Ich muß nur genug Glauben haben, dann wird der Knochen schon wieder zusammenwachsen." Nein, er wird Schmerzmittel nehmen, das Bein röntgen lassen, und den Gipsverband tragen, bis der Knochen geheilt ist.

An diesem Beispiel läßt sich verdeutlichen, was sich im Innersten mancher Menschen abspielt. Sie haben schwere seelische Traumen erlitten. Und dann haben sie über alles nachgedacht und nachgedacht und immer wieder von vorne nachgedacht. Ihr Verstand bewegt sich ständig im Kreis um diese Erfahrungen. Sie beten, sie schreien nach Gott, aber ihr Denken kommt nicht aus dem alten Kreislauf heraus.

Man kann ihren Verstand mit einem gebrochenen Bein vergleichen, das genagelt oder in einen Gipsverband gelegt werden muß, damit es genügend Ruhe hat, um zu heilen. Bei seelisch Kranken können vom Arzt verschriebene Medikamente als so eine Art „Gipsverband" dienen. Durch diese Medikamente kommen die herumwirbelnden Gedanken zur Ruhe. Dann kann man diesen Menschen dazu führen, seine seelischen Verletzungen zu Jesus zu bringen und offene Türen zu verschließen. Wenn dann die Heilung einsetzt, kann die Medikation langsam heruntergesetzt und schließlich ganz weggelassen werden.

Bleibende emotionale Schäden

Wir alle wissen, daß Gott allmächtig ist. Immer wieder haben wir das gehört. Aber es gibt Bereiche, in denen Gott sich in seiner Macht zu wirken, selbst begrenzt hat. So könnte Gott zum

Beispiel ohne weiteres alles Böse von der Welt wegnehmen. Eines Tages wird er das auch tun. Wie sehnen wir diesen Tag herbei! Aber noch ist dieser Tag nicht gekommen.

Genauso wird Gott eines Tages jede Krankheit und jedes Leiden wegnehmen. Aber auch dieser Tag ist noch nicht gekommen. Böses und Krankheiten hängen damit zusammen, daß die Menschheit in Sünde gefallen ist. Bis Gott am Ende der Zeit alle Dinge neu macht, werden sie uns ständig begleiten.

Gott hat uns in seinem Namen Vollmacht über das Böse und über Krankheiten gegeben, aber das bedeutet nicht, daß alles Böse und alle Krankheiten überwunden werden können. Auch Jesus hat nicht alle Kranken geheilt, als er auf dieser Erde lebte. Der gelähmte Bettler, der jeden Tag zur Tempelpforte getragen wurde und von Petrus und Johannes geheilt wurde (Apostelgeschichte 3,1-10), muß schon zu der Zeit dort gesessen haben, als Jesus noch im Tempel ein- und ausgegangen war. Aber Jesus heilte ihn nicht. Warum nicht, fragen wir uns. Wir wissen es nicht.

Einige Krankheiten heilt Gott durch die natürlichen Selbstheilungskräfte, die er in unseren Körper hineingelegt hat. Diese Kräfte können gegebenenfalls noch mit Medikamenten unterstützt werden. Andere Krankheiten heilt Gott wunderbarerweise in einem Augenblick. Wieder andere heilt er vielleicht etwas später ganz plötzlich oder schneller als gewöhnlich. Und manche Krankheiten werden erst dann geheilt, wenn wir in der Auferstehung unseren neuen Leib bekommen. In diesen Fällen gibt Gott seine Gnade und seinen Trost, damit wir mit der Krankheit leben können (2. Korinther 1,3.4).

Es gibt Krankheiten, wie zum Beispiel Kinderlähmung, die bleibende körperliche Schäden hinterlassen. Auch in solchen Fällen können wir um Heilung bitten. Aber wenn Gott dann nicht neue Muskeln an den gelähmten Gliedmaßen entstehen läßt, wäre es grausam, dem Betroffenen zu sagen, er dürfe seine Stützschienen nicht mehr gebrauchen, weil das Gott verunehre. Er würde dann sein Leben als Behinderter leben und sich auch noch dafür schuldig fühlen, daß seine Glieder nicht funktionieren. Wenn wir ihn dagegen ermutigen, seine Schienen wie gewohnt anzulegen und darauf zu vertrauen, daß Gott ihm die Kraft und den Trost gibt, den er für sein alltägliches Leben braucht, dann wird Gott verherrlicht. Gott wird ihn trösten und ihn dazu gebrauchen, anderen den Trost zu bringen, den er selbst empfangen hat.

Ich habe ein Menieres Syndrom, eine Krankheit, die Taubheit verursachen kann, wenn sie nicht behandelt wird. Wir haben oft um Heilung gebetet, aber das Problem ist geblieben. Wenn ich jedoch regelmäßig bestimmte Medikamente einnehme, habe ich keine nennenswerten Schwierigkeiten. Ich wäre sehr glücklich darüber, von dieser Krankheit geheilt zu werden. Aber wenn zwei Tabletten pro Tag die Funktion meines Gehörs erhalten, sollte ich sie dann nicht nehmen, voll Dankbarkeit gegen Gott für diese einfache Lösung?

Dasselbe gilt für Menschen, die schon so lange emotional krank sind oder so tiefgreifende seelische Schäden haben, daß sie Medikamente brauchen, um in der Lage zu sein, normal zu leben. Es wäre grausam, ihnen zu sagen, daß sie ihre Tabletten weglassen und nur auf Gott vertrauen sollten. Wenn Gott sie vollständig heilt, werden sie die Medikamente tatsächlich nach und nach absetzen und dann wieder ganz normal ohne Probleme leben können. Doch bis dahin müssen sie ermutigt werden, ihre Medikamente zu nehmen und Gott dafür zu danken, daß er auf diese Weise für sie sorgt.

Gott heilt verschiedene Fälle auf unterschiedliche Weise. Deshalb müssen wir, wenn wir für jemanden beten, als erstes auf das hören, was Gott tun will. Das ist nicht immer leicht, und deshalb müssen wir uns noch ein bißchen näher damit beschäftigen, wie man Gottes Willen erkennen kann.

Den Willen Gottes erkennen

Jesus trug unsere Krankheiten ans Kreuz: die Sünde, die unseren Geist von Gott trennt, die Leiden unseres Körpers, den Kummer und die Sorgen unserer Seele. Gott hat nicht gewollt, daß wir mit all diesen Schwierigkeiten leben. Er hatte ursprünglich für uns geplant, daß wir im Paradies leben sollten, wo es das alles nicht gab. Eines Tages, wenn Gott alles neu macht, werden wir vollkommen frei werden. In der Zwischenzeit steht Jesus uns zur Seite, um alle unsere Ängste und Sorgen zu tragen (1. Petrus 5,7). Er tröstet uns in allen unseren Nöten. Er ist der Gott allen Trostes.

Trotzdem kommen wir immer wieder einmal in schwierige Situationen. Jesus hat seinen Jüngern gesagt, daß manche Dämonen und bestimmte Krankheiten nur unter Fasten und Beten ausgetrieben werden können (Matthäus 17,21). Doch in welchen Fällen sollen wir das tun? Wann sollen wir fasten und beten, bis die Krankheit geheilt und die Person ganz befreit ist, und wann will Gott statt dessen den Menschen in all seinen Schwierigkeiten trösten, damit er dann auch anderen Gottes Trost weitergeben kann (2. Korinther 1,3.4)?

Paulus kannte dieses Dilemma aus eigener Erfahrung. Er nahm an, daß Gott ihn heilen wolle und betete deshalb immer wieder darum, daß Gott ihn von dem „Pfahl im Fleisch" befreien möge, bis Gott ihm zeigte, daß er es anders wollte (2. Korinther 12,7-10).

Als wir in Pasto im Süden Kolumbiens in der Gemeindearbeit waren, standen wir vor einem ähnlichen Problem. In Kolumbien hat es über mehrere Jahre einen grausamen Bürgerkrieg zwischen zwei politischen Bewegungen gegeben. Die evangelischen Christen hingen zwischen diesen beiden Gruppen. Viele starben um ihres Glaubens willen. Nach dieser Zeit des Leidens öffnete sich das Land für das Wirken des Heiligen Geistes wie nie zuvor.

In Pasto war das Evangelium noch nie in den Straßen verkündigt worden. Gott führte uns dahin, Evangelisationseinsätze unter freien Himmel abzuhalten, damit jeder die frohe Botschaft hören konnte. Bei diesen Versammlungen beteten die Evangelisten auch für die Kranken, und viele wurden wunderbarerweise geheilt. Die Menschen begannen zu begreifen, daß Gott sie liebte und sich um ihre Leiden kümmerte.

Während einem dieser Einsätze wurde unser kleiner, zwei Jahre alter Sohn krank. Der Evangelist betete für ihn, aber es wurde nicht besser mit ihm. Die Evangelisation ging zu Ende, und Davids Zustand wurde immer schlechter. Am nächsten Morgen sah seine Haut ganz grau aus. Er brauchte Sauerstoff. Warum heilte Gott ihn nicht? Wir beschlossen, an diesem Morgen für ihn zu fasten und zu beten, bevor wir mit ihm zum Arzt gingen. Ich hielt David in meinen Armen, als mein Mann seine Hände auf ihn legte und für ihn betete. Während dieses Gebetes wandelte sich Davids Hautfarbe plötzlich. Sein Gesicht wurde rosig, sein Fieber fiel, sein Husten verschwand. Er war geheilt.

Während dieser Evangelisationen waren wir in unserer Familie mit einer weiteren Krankheit konfrontiert, die nicht heilen wollte. Sechs Wochen nach der Geburt unserer Tochter zeigte sich bei einer Krebsvorsorgeuntersuchung, daß ich Gebärmutterhalskrebs hatte. Als ich nach der ersten Operation noch im Krankenhaus lag, kam ein Evangelist nach Pasto, um die erste Evangelisation vorzubereiten. Gott hatte durch diesen Mann schon große Wunder getan. Er betete für mich, daß Gott meinen Krebs vollkommen heilen möge.

Einige Monate später ergab sich jedoch bei einer Nachsorgeuntersuchung wiederum Krebsverdacht. Eine Biopsie zeigte, daß sich einige Zellen verändert hatten, aber noch nicht bösartig waren. Ein weiterer Test wenige Monate später ergab wiederum einen Krebsverdacht. Der Arzt wollte wieder operieren und entweder die Gebärmutter ganz entfernen oder wenigstens noch einen Teil des Gebärmutterhalses, um so für uns die Möglichkeit offenzuhalten, noch die beiden Kinder zu bekommen, die wir uns wünschten. Was sollten wir tun?

Während dieser ganzen Zeit hielten wir in den verschiedenen Stadtteilen eine Evangelisation nach der anderen. An einem Abend waren die Kinder auf der Straße extrem unruhig. Sie schrieen während des Gottesdienstes und bewarfen uns mit Tomaten. Am nächsten Abend versammelten wir uns, bevor wir zum Evangelisationsvortrag auf die Straße gingen, in der Wohnung einer gläubigen Familie, um die bösen Mächte zu binden, die in jenen Kindern am Werke waren.

Als wir beteten, sagte der Evangelist: „Ich glaube, es sind einige Kranke unter uns, die der Herr heilen will, bevor wir auf die Straße gehen. Wer sind diejenigen, die unser Gebet brauchen?“ Die Mutter jener Familie, bei der wir zusammengekommen waren, hatte einen Leistenbruch, und bat darum, für sie zu beten. Als der Evangelist sprach, wurde ich an meine Rückenverletzung erinnert. Mit neun Jahren war ich eine Betontreppe rückwärts hinuntergefallen und hatte mir die Wirbelsäule an drei Stellen verletzt. Durch die

Geburten unserer zwei Kinder hatte sich mein Wirbelsäulenschaden so sehr verschlimmert, daß ich die Kinder nicht einmal mehr hochnehmen und in die Arme nehmen konnte. Ich mußte mich hinsetzen und sie auf meinen Schoß klettern lassen. Weil ich spürte, wie der Herr mich dazu drängte, bat ich den Evangelisten, auch für mich zu beten. Er tat es. Aber ich spürte nichts.

Wir gingen dann hinaus auf die Straße und hielten die Evangelisationsversammlung ab. Ich begleitete das Singen mit dem Akkordeon und saß dabei auf dem Akkordeonkoffer. Plötzlich spürte ich unten an meiner Wirbelsäule einen heißen Punkt, der langsam hinaufglitt. An jeder der drei verletzten Stellen hielt der Punkt an und blieb dort für eine Weile, bevor er sich weiterbewegte.

Am nächsten Morgen konnte ich meinen Rücken so bewegen, wie ich nicht gedacht hatte, daß sich ein menschlicher Rücken überhaupt bewegen könne. Die verletzten Teile meiner Wirbelsäule waren seit meinem neunten Lebensjahr steif gewesen. Doch mein Körper wurde noch immer von Schmerzen gepeinigt. Als wir an jenem Morgen in unserem Wohnzimmer zum Gebet zusammenkamen, legten der Evangelist und mein Mann mir noch einmal unter Gebet die Hände auf. Dieses Mal fühlte es sich an, als ginge eine heiße Flamme meinen Rücken hinauf und hinunter, und die Schmerzen verschwanden. In der folgenden Woche legte mir mein Mann nochmals die Hände auf und betete für noch eine verspannte Stelle in meinem Nacken. Diesmal kam es mir vor, als ob jemand so kräftig an meinem Kopf ruckte, daß er fast wegflog. Die Verspannung verschwand.

Die ganze Zeit beteten wir auch für meinen Krebs. Warum heilte Gott nicht auch meinen Krebs, wenn seine Kraft doch in meinem Körper wirkte, als er meine Wirbelsäule heilte? Ganz offensichtlich lag das nicht an mangelndem Glauben, denn Gott hatte ja meine Wirbelsäule angerührt. Was sollten wir machen? Sollten wir solange fasten und beten, bis Gott mich heilte, oder sollte ich mich der Operation unterziehen? Der Arzt wartete auf unsere Antwort. Was wollte Gott von uns?

Wir entschlossen uns, solange zu fasten und zu beten, bis Gott uns zeigte, was er in diesem Fall von uns wollte. „Gott“, betete ich, „was willst du? Ich will das tun, wovon du weißt, daß es das beste für uns ist. Ich bin bereit, die Operation machen zu lassen. Wir sind auch bereit, eine Gebets- und Fastenzeit zu halten, bis du mich geheilt hast. Zeige uns, was du willst, und wir werden es tun."

In diesem Augenblick wurde mein Mann von jemandem gerufen und ging für kurze Zeit aus dem Raum. Ich betete weiter und wartete auf Gottes Antwort. Da wurde mir innerlich klar: Gott wollte, daß ich diese Operation vornehmen ließ. Er wollte, daß ich ins Krankenhaus ging, und er wollte mich heilen und mich auch wieder aus dem Krankenhaus zurückbringen. Er kannte die Zukunft und ich nicht.

Doch war dies wirklich Gottes Führung oder waren es meine eigenen Vorstellungen von dem, was Gott wollte? Eine der Möglichkeiten, das voneinander zu unterscheiden, besteht darin, andere gereifte Christen nach ihrem Eindruck dazu zu fragen. Deshalb sagte ich Karl, als er wieder zurückkam, was mir klargeworden war. Er stimmte zu, daß dies Gottes Antwort war. Er rief sofort den Arzt an, und am nächsten Tag ging ich zu der Gebärmutteroperation ins Krankenhaus.

Die Operation verlief ohne Zwischenfälle. Aber am nächsten Abend erkrankte ich an einer Darminfektion. Als Karl noch einmal nach mir schaute, hatte ich über vierzig Grad Fieber. Als Karl das den Schwestern sagte, riefen sie den Arzt bei sich zu Hause an.

Ich konnte Karls Stimme nur noch ganz schwach hören, so als ob ich mich immer weiter entfernte. Mit großer Mühe sagte ich zu ihm: „Lieber, du solltest besser für mich beten. Ich habe das Gefühl, als ob ich sterbe."

Als Karl seine Hände auf mich legte und für mich betete, fühlte ich, wie eine Welle der Wärme mich vom Kopf bis zu den Füßen und wieder zurück überflutete. Dann plötzlich erinnerte ich mich an Gottes Versprechen, mich ins Krankenhaus zu bringen und zu heilen und mich auch wieder zurückzubringen.

Ich hatte gedacht, daß Gott damit gemeint habe, er wolle mich nach der Operation heilen. Aber er hatte die Darminfektion gemeint! Als der Arzt zu mir kam, war das Fieber schon so weit gefallen, daß er die Schwestern ausschimpfte, weil sie ihn gerufen hatten.

Gott heilte den Krebs durch die Operation. Warum? Warum

wirkte seine heilende Kraft viermal in meinem Körper, aber heilte nicht meinen Krebs? Ich weiß es nicht. Ich habe diese Frage meiner Liste mit weiteren Fragen hinzugefügt, die ich Jesus stellen möchte, wenn ich ihm eines Tages gegenüberstehe. Es ist eine der Fragen, für die es, soweit ich sehen kann, auf dieser Erde keine Antwort gibt. Deshalb habe ich sie Jesus übergeben, damit er sie solange für mich trägt, bis ich ihn eines Tages sehe. Dann, wenn ich es dann immer noch wissen möchte, werde ich ihn danach fragen.

Ich weiß nicht, warum Gott wollte, daß ich mich der Operation unterzog. Ich weiß auch nicht, warum ich die Medikamente für mein Gehör nehmen muß. Aber ich preise Gott dafür, daß er mich mitten in meinen Schwierigkeiten versorgt. Während dieser langen Krankheitsperiode schaute ich oft meine beiden kleinen Kinder an und fragte mich, ob ich wohl lange genug leben werde, daß sie mich als ihre Mutter bewußt kennenlernen konnten. Doch Gott tröstete mich in dieser Zeit mit seinem unaussprechlichen Trost. Diesen Trost, den er mir in jener schweren Zeit gab, kann ich heute anderen weitergeben, damit auch sie getröstet werden.

Jesus kam, um uns frei zu machen mitten in unserem Leben in einer gefallenen Welt und in einem Körper, der eines Tages wieder zu Erde werden wird. Deshalb gab er uns die Vollmacht, in seinem Namen das Werk weiterzuführen, das er begann, als er auf dieser Erde lebte (Johannes 14,12). Doch das heißt nicht, daß wir damit einen Schlüssel in der Hand hätten, mit dem wir alle Probleme des Lebens lösen könnten. Gottes Gedanken sind viel höher als unsere Gedanken. Wir brauchen besondere Weisungen von Gott, um zu wissen, wie wir für eine spezielle Situation beten sollen. Wir brauchen es, daß Gott uns durch seine Weisungen Stärke, Mut und Trost gibt.

Ja, Jesus kam, um die Gefangenen zu befreien. Man kann nur staunen darüber, daß er das durch dich und mich tun will. Wenn du von ihm Freiheit und Trost empfangen hast, wirst du erfahren, daß er Menschen zu dir schickt, die du zu ihm führen kannst, damit auch sie seinen Trost und seine Freiheit empfangen. So wird dein Leben Jesus verherrlichen.

Kapitel 11: Lob Gottes

Wenn Gott uns gebraucht, um Gebundenen die Freiheit Jesu zu bringen, dann ist das eine überwältigende Erfahrung. Es ist sehr wichtig, dann demütig vor Gott zu bleiben und ihm alles Lob und alle Ehre dafür zu geben, daß er durch uns Menschen anrührt und heilt. Und wir müssen darauf achten, daß wir auf ihn ausgerichtet und konzentriert bleiben, damit nicht unversehens das Reich der Finsternis oder die offenen Türen zu diesem Reich für uns zum Mittelpunkt werden, um den wir kreisen. An dem folgenden Beispiel will ich das deutlich machen.

Klapperschlangen und Brombeeren

Ich bin auf einer Farm aufgewachsen, die weit abgelegen in den Allegheny Bergen in Pennsylvanien lag. Unser Hof war der letzte vor den großen Staatsforsten am Mount Davis. Über viele Meilen lebte dort niemand außer uns. Zwischen den Felsen und Klippen im Wald wuchsen köstliche wilde Brombeeren.

Im Spätsommer verbrachten wir als Familie, alle in Gummistiefeln und alten, derben Overalls, ganze Tage damit, Brombeeren zu pflücken. So waren wir den ganzen Winter über mit Beeren versorgt. Über die Felsbrocken und das Geröll zu klettern und Brombeeren zu sammeln, war für uns Kinder ein Riesenspaß.

Mein Vater ging auf dem Pfad in den Wald immer voran. Wir liefen wachsam lauschend hinter ihm her, denn zwischen den Felsen lebten auch Klapperschlangen. Ihr Biß konnte einen innerhalb von wenigen Minuten töten. Nun rasselte eine richtige Klapperschlange allerdings erst drei Mal, bevor sie zubiß. So mußten wir bei allem Vergnügen sehr wachsam auf die Geräusche rings um uns achten. Wenn wir ein Rasseln hörten, erstarrten wir in unseren Bewegungen, bis mein Vater heraushatte, wo die Schlange steckte, und sie dann getötet hatte. Dann stürzten wir uns wieder in unsere Brombeerjagd.

Nun lebten in diesen Bergen auch bestimmte Zikaden, deren Zirpen ganz ähnlich klang wie das Rasseln der Klapperschlangen. Wir mußten lernen, zwischen beiden Geräuschen zu unterscheiden, denn sonst hätten wir die ganze Zeit nur dagestanden und versucht, die Schlange zu finden, obwohl wir nur eine Zikade gehört hatten. Dann hätten wir niemals genug Brombeeren für den Winter sammeln können, denn die Zikaden waren überall um uns herum.

Wenn wir nun aber umgekehrt gesagt hätten: „Ich glaube nicht an Klapperschlangen. Sie sind alle schon vor hundert Jahren ausgerottet worden. Dieses Rasseln kommt nur von den Zikaden", wäre nur zu bald einer von uns von einer Schlange getötet worden.

Wenn wir eine Schlange gefunden hatten, fing mein Vater nicht etwa ein Gespräch mit ihr an. Er fragte sie nicht nach ihrem Namen oder woher sie gekommen sei. Mein Vater tötete die Schlange. Er wollte sie los sein. Wir waren nicht gekommen, um das Leben der Klapperschlangen zu erforschen. Wir wollten Brombeeren sammeln. Wenn wir unsere Zeit nur damit zugebracht hätten, nach Klapperschlangen zu suchen oder wenn wir versucht hätten, mit ihnen zu sprechen, dann hätten wir kaum noch Zeit gehabt, um Beeren zu sammeln.

Ich möchte diese Situation auf unser Leben als Christen übertragen. Gott hat uns dazu berufen, sein Königreich bekanntzumachen, Freiheit für die Gefangenen und Befreiung für die Bedrückten zu verkünden. Wir sollen das Evangelium zu denen bringen, die Gott nicht kennen. Wenn wir dabei auf einen bösen Geist stoßen, auf einen Dämonen oder auf offene Türen zum Reich der Finsternis, dann müssen wir uns im Namen Jesu davon befreien. Wie wir uns dabei verhalten sollen, hat uns Jesus durch sein Vorbild gezeigt.

Jesus blieb nicht stehen, um sich mit den Dämonen zu unterhalten, die er austrieb. Bei einigen wenigen Gelegenheiten fragte er nach dem Namen des Dämons. Aber meist benannte er ihn nur nach den Wirkungen, die von ihm ausgingen, zum Beispiel: „Du tauber und stummer Geist" (Markus 9,29). Er erlaubte den Dämonen in den meisten Fällen nicht einmal zu sprechen. Er war damit beschäftigt, die Botschaft vom Reich Gottes zu verkündigen. Wenn ihm dabei böse Geister in den Weg kamen, mußten sie weichen.

Uns ist dieselbe Botschaft anvertraut, die Botschaft der Erneuerung und der Heilung. Es gibt böse Geister und offene Türen. Wenn wir Gottes Botschaft verkündigen, werden wir unweigerlich auf sie stoßen. Dabei müssen wir lernen, zwischen „Zikaden" und „Klapperschlangen" zu unterscheiden, sonst werden wir unsere Tage damit zubringen, böse Geister zu jagen, wo nur seelische Verletzungen vorliegen, oder werden böse Geister nicht erkennen, wenn sie als seelische Probleme getarnt sind.

Wenn wir auf böse Geister stoßen, müssen wir sie im Namen Jesu binden und austreiben, alle offenen Türen zum Reich der Finsternis verschließen und Jesus zum Herrn aller Lebensbereiche erklären. Aber das darf uns nicht von unserer Hauptaufgabe ablenken, die Gute Nachricht vom Reich Gottes zu verkünden. Die Erfahrungen von Pastor Bob aus Kolumbien zeigen, wie leicht man von geistlichen „Klapperschlangen" abgelenkt werden kann.

Pastor Bob

Kurz nachdem wir unseren Dienst in Kolumbien begonnen hatten, bekamen wir die Gelegenheit, an einem Seminar teilzunehmen, das Pastor Bob für Pastoren und Missionare durchführte. Pastor Bobs Gemeinde war sehr schnell gewachsen. Die Gläubigen lernten, Gott zu loben und anzubeten. Doch am Beginn jedes Gottesdienstes hinderte sie eine dunkle, bedrückende, böse Macht in ihrer Freiheit, Gott zu preisen.

„Wenn das passsierte", erzählte Pastor Bob, „dann kamen die Leiter in mein Arbeitszimmer und sagten mir: ‚Pastor, da sind wieder böse Geister. Komm und wirf sie raus!'

Dann ging ich schnell in den Versammlungsraum und sagte zu den bösen Geistern: ‚Im Namen Jesu, geht hinaus!' Dann flohen sie, und die Menschen konnten Gott in Freiheit anbeten.

Mit der Zeit wurde es jedoch immer schwerer, die bösen Geister zu vertreiben. Schließlich dauerte es fast eine halbe Stunde, bis die Atmosphäre rein war."

Eines Tages fragte Gott Pastor Bob, als er in seinem Arbeitszimmer betete: „Warum ehrt diese Gemeinde die Dämonen?"

„Dämonen ehren!" rief Pastor Bob aus. „Das ist genau das, was wir nicht tun. Wir wollen die Dämonen los sein!"

„Nein", antwortete Gott, „ihr ehrt die Dämonen."

„Herr", fragte Pastor Bob erschüttert, „wie kannst du sagen, daß wir die Dämonen ehren, wenn wir uns so sehr mühen, sie aus unseren Gottesdiensten hinauszuwerfen?"

„Ihr ehrt die Dämonen durch all die Aufmerksamkeit, die ihr ihnen widmet. Eine halbe Stunde lang sprecht ihr zu ihnen und schenkt ihnen eure Aufmerksamkeit. Das mögen sie, und deshalb kommen immer mehr zu euch herein. Natürlich müssen sie am Ende weichen. Aber bis dahin genießen sie die Beachtung, die ihr ihnen schenkt."

„Aber Herr", stöhnte Pastor Bob, „wenn sie dadurch geehrt werden, wie können wir sie dann los werden?"

„Laß die Leute einfach mich preisen."

„Aber die Dämonen gehen dann nicht weg, und die Atmosphäre ist dann so bedrückend, daß wir dich nicht preisen können."

„Haltet nur irgendwie daran fest, mich zu preisen. Kein Dämon kann es dort aushalten, wo ich gepriesen werde."

Am nächsten Sonntag kamen wie gewöhnlich die Leiter in Pastor Bobs Arbeitszimmer. „Pastor, die Dämonen sind wieder da."

Pastor Bob ging hinaus zu den Leuten und sagte: „Steht alle auf. Wir wollen zusammen Gott loben und preisen."

„Es war schrecklich", erzählte uns Pastor Bob. „Ich hatte ein Gefühl, als müßten wir gegen die ganze Macht der Finsternis ankämpfen. Aber wir blieben dabei, Gott zu loben, so gut es eben ging. Nach ungefähr fünfundzwanzig Minuten verschwand die Dunkelheit, und wir konnten aus freiem Herzen Gott anbeten."

Am nächsten Sonntag mußten sie den gleichen Kampf austragen, aber er dauerte nur noch zwanzig Minuten. Eine Woche später blieben die Dunkelheit und die Bedrückung nur noch eine viertel Stunde, und weitere zwei Wochen später blieb die Atmosphäre von Anfang an rein. Nun konnte die Gemeinde in aller Freiheit Gott anbeten. Die Dunkelheit kam nie wieder. Es mußten keine bösen Geister mehr ausgetrieben werden. Kein Dämon bleibt dort, wo er mit anhören muß, wie Gott gelobt wird!

Pastor Bob lernte etwas, das für alle wichtig ist, die die gute Nachricht von der Freiheit in Jesus Christus verkündigen. Jesus muß der Mittelpunkt unserer Aufmerksamkeit und unserer Gespräche bleiben, sonst versäumen wir, die Ernte für Gottes Königreich einzubringen. Alle Aufmerksamkeit, alles Lob und alle Ehre gebührt allein Jesus Christus.

Das Lob weitergeben

Wenn du dein Leben für Gott öffnest, wird er dich dazu gebrauchen, in nie geahnter Weise seine Heilung an andere weiterzugeben. Dann werden die Menschen, die Gott durch dich anrührt, dir für die Segnungen danken wollen, die sie durch dich empfangen haben. Wenn das überhand nimmt, haben viele Christen dabei ein ungutes Gefühl, weil sie wissen, daß Gott seine Ehre keinem anderen geben will (Jesaja 42,8).

Sie weisen Dankesbezeugungen dann oft zurück: „Danke nicht mir, sondern Gott. Ich habe ja gar nichts getan“, oder „Gott allein gebührt die Ehre. Ich bin nur sein Diener.“ Wir winden und drehen uns innerlich, weil wir nicht wissen, was wir mit dem Lob anfangen sollen, mit dem wir überhäuft werden. Wie können wir dabei demütig bleiben?

In meiner Heimatgemeinde wurde großer Nachdruck darauf gelegt, demütig zu bleiben. Stolz galt als große Sünde. Ich bin dankbar für diese Prägung, weil mir dadurch immer sehr bewußt blieb, daß alle Ehre Gott gebührt.

Ich hatte allerdings auch Schwierigkeiten zu erkennen, was Demut wirklich bedeutet. Hieß es, daß ich mich selbst klein machen sollte und mich niemals bei etwas, das ich tat, gut fühlen durfte? Ich prüfte ständig mein Gewissen, damit nicht unversehens doch etwas Stolz in mein Leben hineinkam. Wenn es mir gelang, all die demütigen Dinge zu sagen, wie „Gib Gott die Ehre und nicht mir“, fühlte ich mich richtig gut. Dann war ich erfolgreich demütig gewesen. Und dabei merkte ich gar nicht, daß ich nun stolz war auf meine Demut!

Der Stolz klebte an mir wie Leim. Ich nahm ihn aus meiner rechten Hand und mußte gleich danach feststellen, daß er nun an meiner linken klebte. Dann löste ich ihn aus der linken Hand, nur um ihn in der rechten wiederzufinden. „O Gott“, rief ich vor lauter Verzweiflung aus, „wie kann ich jemals wirklich demütig werden?“

Dann sprach Gott eines Tages zu mir. „Arline“, sagte er, „hör damit auf, um Demut zu ringen. Hör auf, dich ständig selbst zu hinterfragen. Schau nur auf mich.“

„Aber Herr“, schrie ich auf, „wie soll ich denn merken, ob ich stolz werde, wenn ich mich nicht selbst prüfe?“

„Schau nur fest in meine Augen“, sagte er. „Ich will dich mit meinen Augen leiten. Ich sage dir, wenn du Gefahr läufst, stolz zu werden.“

„Aber stell dir vor, ich werde stolz und merke es gar nicht. Dann würde ich dir deine Ehre rauben!“

„Meinst du, ich wäre nicht in der Lage, dich demütig zu halten?“ fragte Gott. „Meinst du, du könntest besser auf dich aufpassen als ich? Halte deine Augen nur beständig auf mich gerichtet, und dann will ich meine Demut in dich hineinlegen.“

Was für eine Befreiung war es, mich nicht mehr ständig selbst zu kontrollieren, sondern mich in bezug auf meine Demut auf Gott zu verlassen! Doch blieb noch immer die Frage, was ich mit dem Lob und der Verehrung tun sollte, die mir die Menschen entgegenbrachten, die Gott durch mich gesegnet hatte.

Die Bibel sagt uns in Epheser 1,12, daß Gott uns dazu berufen hat, etwas zum „Lob seiner Herrlichkeit“ zu sein. Lange Zeit war das ein ganz schwieriger Vers für mich. Gott brachte ihn mir immer wieder ins Bewußtsein. Was bedeutete er für mich? Ich war nur ein ganz gewöhnlicher Mensch, nichts Besonderes. Wie konnte ich etwas zum Lob seiner Herrlichkeit sein?

Dann fragte mich Gott eines Tages: „Wie beten die Leute zu mir, wenn sie an dich denken? Wie oft müssen sie mich für dich um Geduld bitten? Wie oft müssen sie mich für dich um Kraft bitten, in deinem Leben als Christ fest zu bleiben? Wenn sie so für dich bitten, lebst du nicht zu meiner Ehre. Wie oft sagen sie dagegen:

‚Herr, hab Dank für Arline. Ihr Leben ist solch ein Segen für mich'? So ist es, wenn du zum Lob meiner Herrlichkeit lebst.“

Welch eine Herausforderung! Wenn ich so lebe, daß andere Gott loben, wenn sie an mich denken, dann lebe ich zum Lob seiner Herrlichkeit. Und das gilt auch für dich. Wenn du so lebst, daß andere Gott loben, wenn sie an dich denken, dann lebst du zum Lob seiner Herrlichkeit.

Deshalb sollte das dein bewußtes Ziel sein: So zu leben, daß andere sagen, wenn sie an dich denken: „Herr, hab Dank für ihr oder sein Leben.“

Doch bleibt noch immer die Frage, was wir mit dem Lob und der Dankbarkeit machen sollen, die uns entgegengebracht werden, wenn wir anfangen, solch ein Leben zu führen.

Der Blumenstrauß des Lobes

Wenn wir uns das Lob einmal als einen Blumenstrauß vorstellen, können wir das vielleicht besser verstehen. Gott hat die Blumen geschaffen, damit wir uns daran freuen können. Bekommt man einen Blumenstrauß, dann riecht man zuerst daran, um seinen Duft einzuatmen, bewundert ihn und stellt ihn dann in eine Vase. Man darf ihn nicht in den Händen behalten und ihn erst recht nicht aufessen. Hält man ihn fest, verwelkt er, und ißt man ihn auf, macht er einen krank.

Mit dem Lob ist es ähnlich. Wir brauchen als Menschen Lob und Anerkennung, denn sonst würden unser Leben und unsere Arbeit öde und freudlos. Aber wenn wir am Lob festhalten, indem wir es uns immer und immer noch einmal wiederholen, wird es zu Prahlerei und verliert seine Schönheit. Außerdem darf Lob nur in kleinen Mengen genossen werden. Wenn man es sozusagen ganz hinunterschluckt, wird man aufgeblasen, arrogant, selbstgerecht und stolz. Am Lob darf man wie an einem Blumenstrauß nur riechen, und dann muß man es weglegen. Wie kann das geschehen?

Manche Leute scheinen der Ansicht zu sein, dies bedeute, daß man sich bei dem, was man tut, nie gut fühlen darf. Sich über sich selbst gut zu fühlen, bedeute, stolz zu sein. Deshalb setzen sie sich ständig bst herab. Wenn jemand sie loben oder ihnen danken will, dann weisen sie sofort auf etwas Fehlerhaftes hin, was sie getan haben. So versuchen sie, demütig zu bleiben. Aber das ist nicht der richtige Weg. Ich will das an einem weiteren Beispiel verdeutlichen.

Meine jüngste Schwester ist Künstlerin. Einmal nahm sie uns mit auf eine ihrer Ausstellungen. An allen Wänden im Ausstellungsraum hingen wundervolle Gemälde. Viele Leute gingen umher und bewunderten die Bilder. Als meine Schwester uns herumführte, erklärte sie uns alles und sagte uns, was sie zu den verschiedenen Gemälden inspiriert hatte, und wir genossen das sehr.

Stellen Sie sich vor, meine Schwester hätte, um demütig zu bleiben, bei jedem Bild auf die Fehler hingewiesen. „Dies Bild ist wegen des Schattens im Hintergrund nicht richtig gelungen. In diesem sind die Farben nicht so richtig getroffen. Dies hier ist recht gut, aber naja, Michelangelo hätte es besser gemalt."

Wir hätten uns alle ganz erbärmlich dabei gefühlt, wenn meine Schwester das getan hätte, und wir hätten am Besuch der Kunstausstellung keine Freude mehr gehabt. Sicher wären wir so schnell wie möglich wieder gegangen. Doch so, wie wir es erlebten, freuten wir uns alle an den schönen Bildern, meine Schwester und auch wir. Sollte meine Schwester sich über ihre eigenen Bilder nicht genauso freuen wie über die Bilder von anderen Malern? Sollte sie sie abwerten und sich nicht gut dabei fühlen, nur weil sie diese Bilder selbst gemalt hatte? Ist das die wahre Demut? Natürlich nicht. Aber was bedeutet es dann, demütig zu sein?

Pastor Bob erklärte uns einmal, wie er gelernt hatte, Lob anzunehmen und auch wieder loszulassen. Er hatte bis dahin immer die „Danke nicht mir, danke Gott"-Floskel gebraucht.

„Ich mache das jetzt nicht mehr", berichtete er. „Wenn jetzt jemand zu mir kommt und sagt: ‚Pastor, an diesem Morgen hat Gott zu mir gesprochen!' dann sage ich ihm: ‚Danke. Ich freue mich, daß der Herr dich angerührt hat', oder ‚Ich freue mich, daß du hier sein konntest', oder ‚Danke, daß du mich daran Anteil nehmen läßt.'

Sobald ich dann alleine bin, bete ich: ‚Gott, erinnerst du dich an diese Dame mit der dunklen Brille? Sie sagte, daß du heute morgen durch mich wirklich zu ihr gesprochen hast. Hier, Gott, dieses Lob gehört dir. Und, Herr, erinnere dich an den älteren Mann hinten in der Kirche. Er sagte, die Predigt habe sein Herz bewegt. Ich gebe dir dies Lob. Und da war diese Frau in dem blauen Kleid, die deine Gegenwart gespürt hat. Ich gebe das dir. Danke, daß du mich gebrauchen konntest. Ich möchte, daß mein Leben etwas zum Lob deiner Herrlichkeit ist. Hier ist all das Lob. Ich gebe es dir.'"

Wenn wir das Lob für uns behalten, geraten wir nur zu leicht in Wettstreit mit uns selber. Wir müssen dann alles besser und immer besser machen, um immer neue Rekorde zu erreichen. Wenn wir dann einmal bei einer bestimmten Gelegenheit weniger Lob hören, werden wir deprimiert und unsicher. Und wenn wir einmal mehr Lob hören, werden wir aufgeblasen. Schließlich sind wir dann so auf das Lob von anderen fixiert, daß uns Gott und sein Wirken aus dem Blick geraten.

Wenn wir das Lob an Gott weitergeben, werden wir frei dazu, wir selbst zu sein. Wir sind dann nicht innerlich darauf angewiesen, jemand Wichtiges oder Besonderes zu sein. Wir stehen dann auch nicht mehr in einem Wettstreit. Wir können wir selbst sein, bereit, das zu sehen, was Gott als nächstes tun will.

Blumen sind schön. Das Leben wäre langweilig ohne sie. Gott gab sie uns, damit wir ihren Duft und ihre Farben genießen. Dasselbe gilt für das Lob. Wir brauchen positive Reaktionen auf das, was wir tun. Wenn wir immer nur kritisiert würden, wäre unser Leben ziemlich trübselig. Gott schenkt uns positive Rückmeldungen von anderen, damit wir uns darüber freuen.

Wenn du Gott die Blumensträuße des Lobes weitergibst, die du empfangen hast, teilt er ihren wunderbaren Duft mit dir. Deine Augen bleiben dann nicht an dir selbst hängen. Dein Blick ist dann auf Gott gerichtet. Wenn du dich an ihm freust und er sich an dir, wird seine Herrlichkeit und Größe für die Menschen sichtbar, die um dich herum leben. So lebt man „zum Lob seiner Herrlichkeit".

Eines Tages wirst du dann von Gott selbst die Worte hören: „Recht so, du tüchtiger und treuer Knecht, du bist über wenigem treu gewesen, ich will dich über viel setzen; geh hinein zu deines Herrn Freude" (Matthäus 25,21). Er will dir dann die Krone der Herrlichkeit verleihen, und du wirst ihm mit allen Engeln dienen und ihn anbeten, weil er würdig ist, Herrlichkeit und Ehre und Lobpreis zu empfangen.

Und so komm, Herr Jesus, komme bald.

Weitere Bücher aus dem Blaukreuz-Verlag

Arline Westmeier
Die verletzte Seele heilen
Gesundung durch Seelsorge
– mit Fallbeispielen und Illustrationen –
8. Auflage, 144 Seiten, Paperback, zz. € 11,50 / sFr. 22,00
ISBN 978-3-89175-127-5

Viele Menschen haben seelische Verletzungen verdrängt. Unerklärliche Verhaltensweisen sind die Folge. An zahlreichen Beispielen macht die Autorin deutlich: Es gibt Befreiung von der belastenden Vergangenheit. Vielen Ratsuchenden hat sie geholfen, sich ihren schmerzhaften Erinnerungen und Gefühlen zu stellen, sie an Jesus Christus abzugeben und sich von ihm dauerhaft heilen zu lassen.

Arline Westmeier
Wenn wir an Gedanken kranken
Zwanghafte Gedanken überwinden – neu denken lernen
(„Die verletzte Seele heilen" – Band 3)
2. Auflage, 160 S., Pb., Illustrationen, zz. € 11,50 / sFr. 22,00
ISBN 978-3-89175-126-6

Viele Christen werden geplagt von zwanghaften Gedanken. Die Autorin leitet dazu an, diese mit Gottes Hilfe zu überwinden und Gottes Absichten für das persönliche Leben besser zu erkennen. Eindrucksvolle Beispiele.

William Backus
Jetzt aber ehrlich!
Wahrheit hält Beziehungen gesund
160 Seiten, Paperback, zz. € 12,95 / sFr. 25,50
ISBN 978-3-89175-179-4

Die Praxis zeigt, dass wir im Umgang miteinander die Wahrheit oft verdrehen. Da muss es uns nicht wundern, dass Beziehungen oft gestört sind. Dieses Buch möchte zum ehrlichen Umgang miteinander anleiten Dazu enthält es eine Reihe praxiserprobter Anregungen. Wenn daran gearbeitet wird, Worte und Taten in Einklang zu bringen, wird der Erfolg nicht ausbleiben.

Weitere Bücher aus dem Blaukreuz-Verlag

Curt Grayson / Jan Johnson
Versöhnt mit der Vergangenheit
Wege zur Heilung seelischer Verletzungen.
Paperback, 160 Seiten, zz. € 11,50 / sFr. 22,00
ISBN 978-3-89175-151-0

Frustrierende Erfahrungen und Verletzungen aus der Vergangenheit blockieren häufig unsere Lebensfreude und ein vertrauensvolles Glaubensleben. Als selbst Betroffene machen die Autoren denen Mut, die ihr Leben leichter bewältigen möchten und ein besseres Verhältnis zu Gott und Menschen anstreben.

Toby Rice Drews
Was tun, wenn der Partner trinkt?
Ein Mutmachbuch für Frauen
3. Auflage, 144 Seiten, Paperback, zz. € 12,50 / sFr. 23,00
ISBN 978-3-941186-20-0

Muss die Partnerin eines Alkoholikers sein Trinkverhalten passiv hinnehmen, einfach leiden, alles erdulden, kontrollieren und krank werden? Das Gegenteil ist richtig. Die Autorin bietet zahlreiche praxiserprobte Denkanstöße zu einer neuen Sichtweise. Besonders wertvoll: Was die Partnerin für ihre eigene Selbständigkeit tut, hilft auch dem Abhängigen.

Andreas Knoll
Sucht – was ist das?
Eine allgemein verständliche Einführung in das heutige wissenschaftliche Verständnis von Sucht, insbesondere Alkoholabhängigkeit
2. Auflage, 192 Seiten, Paperback, zz. € 13,50 / sFr. 25,00
ISBN 978-3-89175-178-7

Der Autor erläutert hier die aktuellen Erkenntnisse über die Sucht. Der Leser erfährt, wie es zur Sucht kommt, welche Wege es gibt, die Abhängigkeit zu überwinden. Er erhält Hilfen, um komplizierte Zusammenhänge besser zu verstehen, um besser helfen zu können.